El amor es la mejor medicina

El amor es la mejor medicina

Descubre la energía sanadora que todos llevamos dentro

Dra. Carmen S. Alegría

VERGARA

Papel certificado por el Forest Stewardship Council®

MIXTO
Papel procedente de
fuentes responsables
FSC® C117695
FSC
www.fsc.org

Penguin
Random House
Grupo Editorial

Primera edición: enero de 2023

© 2023, Carmen Sánchez Alegría
© 2023, Penguin Random House Grupo Editorial, S. A. U.,
Travessera de Gràcia, 47-49. 08021 Barcelona
© 2023, Luján Comas, por el prólogo
© 2023, María Jesús Álava Reyes, por el epílogo

Printed in Spain – Impreso en España

ISBN: 978-84-18620-87-4
Depósito legal: B-20218-2022

Compuesto en M. I. Maquetación, S. L.

Impreso en Black Print CPI Ibérica
Sant Andreu de la Barca (Barcelona)

VE 2 0 8 7 4

ÍNDICE

A mis padres, que me inculcaron el valor de ser buena persona y me alentaron con Amor a cumplir mis sueños.

A mis hermanos, los mejores que ha podido brindarme la vida y que son para mí una fuente de Inspiración.

A mi esposo, que me ha regalado momentos colmados de Sabiduría y de ternura y me contagia su pasión por continuar aprendiendo cada día.

PRÓLOGO

Conocí a Carmen a través de Belinda Washington, que me dijo: «¡Tienes que conocer a la doctora Alegría!».

Cuando hablé con ella, nos entendimos como si nos conociéramos de toda la vida, estábamos en la misma frecuencia, la misma sintonía y el mismo enfoque de la medicina, la vida y la muerte.

Fue un honor para mí que me pidiese escribir el prólogo de su obra.

Su libro es fresco, con ritmo, ágil, ameno de leer. En él mezcla la ciencia con la conciencia, valores humanos tan olvidados como la alegría, la gratitud, la serenidad, la empatía, el perdón, elementos esenciales tanto en la salud como en la manera de vivir cada día.

Hemos olvidado que todas esas cualidades sanan, como ella va desgranando en su libro, e inclusive añade casos reales en los que el perdón auténtico, no desde la mente, sino sentido, de corazón, ha contribuido a ello. Apoyándonos en todo ello, se pueden curar, por ejemplo, lesiones en la piel, en este caso, una psoriasis, difícil y rebelde a cualquier tratamiento médico.

La doctora Alegría engrana esos valores y sus efectos sobre la salud a través del despliegue de ciencia en su contenido. Siempre se ha dicho que el amor sana, que es la mejor medicina, pero realmente, y por si no lo creemos, ella nos da la explicación científica.

La vocación por la medicina todavía existe, lo vemos en casos como los de Carmen. Siempre quiso ser médico, jugaba a ello de pequeña, era su única vocación; la decisión de su futuro ya estaba echada y nunca dudó ni se planteó realizar un camino distinto.

Incluso de estudiante, no estaba de acuerdo con la medicina que se enseñaba en la práctica, como que al paciente se le tratase como a un número de habitación y fuese la muestra inanimada para que profesores y alumnos aprendiesen, sin enseñar a los futuros médicos el respeto, la empatía y la compasión al doliente.

Aún se estudia la enfermedad, no al paciente. A pesar de ese aprendizaje, o quizá debido a ello, su medicina es integrativa: contempla al ser total, es humanista y compasiva, lo cual hoy día hace mucha falta.

Este es un libro donde se muestra el amor como la base de la vida en contraposición al miedo. El amor te ayuda a vivir, el miedo te bloquea y es una especie de muerte en vida, porque dejas de vivir, de disfrutar, de atreverte…

Es un canto al entusiasmo por los pacientes, por la medicina como ella la vive, entendiendo al paciente como un todo donde sentimientos como el amor pueden curar, igual que otros, como el miedo, pueden hacer enfermar.

Entusiasmo, como dice el escritor y filósofo Eckhart Tolle, significa que disfrutas a fondo de lo que haces, pero que además tienes una visión, un objetivo, con una frecuencia de energía alta, y por eso resuena con el poder creativo del universo. La palabra entusiasmo procede del griego antiguo «en» y «theos», que significa «Dios», y quiere decir «estar poseído por un dios». Ese entusiasmo es lo que hace que Carmen nos traiga una oleada de energía creativa que se manifiesta alrededor de ella con sus pacientes. Es potente porque no se manifiesta bajo el poder de su ego, sino de su alma.

Vemos que al paciente le receta otros remedios tan útiles como los medicamentos, como son el aprender a respirar, a meditar, a bailar…, algo que les sirve tanto para la enfermedad como para la vida.

En la facultad todavía no se enseña a tratar al paciente como un ser humano, la persona pasa de ser alguien en su casa, en su trabajo, con nombre, apellidos, esencia y presencia, a ser un número en un hospital. No se enseña la empatía con el paciente, más bien es un signo de debilidad; no te muestran cómo enfrentarte a una situación difícil, cómo dar una noticia dolorosa, qué hacer con alguien que llora, cómo acompañar a pacientes que están muriendo…, porque la muerte es esa desconocida en la carrera, nadie quiere hablar de ella, aún sigue entendiéndose como el fracaso de la medicina, cuando sabemos que todos tenemos que morir un día y que es un hecho natural, no un tabú.

No se enseña la muerte en las universidades. El primer contacto con ella en un hospital para un médico recién salido de la facultad es un poco traumático, no está preparado y muchas veces se ve obligado a enrocarse para no sufrir. Aunque afortunadamente algunos, como Carmen, buscan saber un poco más de la vida y de la muerte, otros siguen detrás del parapeto. Es una elección consciente o inconsciente.

La bata no hace al médico, pues, como muy bien dice ella, en el fondo son las mismas batas que llevan una empleada de la limpieza o una vendedora de una tienda. Sin embargo, la bata empodera a algunos médicos delante de los pacientes. Afortunadamente, hay otros, como Carmen, que lo que hacen es lo contrario: empoderar al paciente, que en definitiva es el responsable de su vida y de cómo vive las dificultades de la misma, llámese enfermedad o cualquier inconveniente, pero no tiene conocimiento ni herramientas; por ello, cuando los pacientes se encuentran con la doctora Alegría se les abre el corazón y un nuevo camino en la vida.

Ella les prescribe herramientas que nos ayudan a todos, sanos o enfermos, porque a veces, a través del dolor y las crisis para las que no estamos preparados, no nos sirven los instrumentos conocidos y buscamos otros, por nuestra cuenta o a través del médico, como la respiración, la meditación, la visualización creativa, todas ellos a nuestro alcance y gratuitos, en cada momento del día y de las situaciones que se nos presenten durante el mismo.

Cuando empezamos a incorporar la muerte como parte de la vida, empezamos a quitar el poder del miedo, la muerte, la pérdida, lo desconocido, el dolor, que son la fuente de todos los miedos, y empezamos a disfrutar del aquí y ahora, y a agradecer la vida. El mismo hecho de agradecer nos hace conscientes de lo que tenemos, a valorarlo y, por tanto, a disfrutarlo.

Espero, amigo lector, que disfrutes del libro tanto como yo.

Dra. Luján Comas

INTRODUCCIÓN

Con el tiempo, uno intuye que el amor está más cerca de la emoción que del deseo, que es en realidad el sentimiento más sublime del ser humano. Una vibración de frecuencia aún más elevada que la alegría. El amor es difícil de describir, pero cuando uno es capaz de conectar con su energía, el mundo se renueva. Y cambia literalmente, porque nuestro organismo es el primero en transformarse gracias a las sustancias que de forma automática inundan nuestro torrente sanguíneo. Con la práctica del amor y la compasión, hay cambios anatómicos y estructurales en nuestro cerebro. Se reforman nuestros pensamientos y comienza a ser diferente la forma de relacionarnos con nosotros mismos, con los demás y con el mundo. Cuando nosotros cambiamos, nuestra capacidad de asomarnos a la realidad cotidiana también lo hace.

No es lo mismo salir a la calle contemplando la vida desde el amor que desde el miedo. No es igual afrontar los retos cotidianos desde el amor que desde el miedo y, por supuesto, es mucho más sencillo recuperar la salud desde el amor que desde el miedo.

Hace ya más de treinta años que repito a mis pacientes que no hay mejor medicina que el amor. El amor como actitud para vivir y, por qué no, también el amor romántico. Cuando me contagié de covid en marzo de 2020, pude comprobar por mí misma el verdadero significado de lo que tantas veces había dicho en la consulta. Efectivamente, tras haberlo vivido como paciente, sin bata blanca ni fonendoscopio al cuello, puedo afirmar, confirmar, reafirmar y firmar en blanco si hace falta, que el amor es la mejor medicina. Y, sin duda, ayuda a mejorar la respuesta al resto de tratamientos. No produce el mismo efecto un fármaco recomendado por un médico que previamente ha escuchado con empatía al paciente que prescrito por un facultativo que apenas ha desviado la vista de la pantalla del ordenador y se ha limitado a decir «tómese una cápsula cada ocho horas».

Los pacientes han sido mis mejores maestros. Este libro quiere ser un homenaje a las personas con quienes más he aprendido lo que yo llamo «medicina para el alma», una terapia que no aparece en los libros ni puede dispensarse en las farmacias. Como no puedo olvidarme de mi visión médica, incluyo algunas pinceladas de fisiología, neuroanatomía o endocrinología, muy sencillas, eso sí, para poder entender la diferencia entre curar un síntoma o sanar todas las dimensiones del ser humano. Incluso por encima del ser humano, intuyo que esos seres de luz que describen los pacientes que han tenido vivencias más allá de la muerte no son más que seres de amor.

Con este libro quiero explicarte cómo es posible conectar con esa energía transformadora para vivir más sanos, más felices y, por qué no, mejor amadores y mejor amantes. Y, por supuesto, cómo conseguir que el resto de las medicinas sean más útiles, para nosotros, para nuestros seres queridos o para cualquier ser humano que las necesite.

1
BUSCANDO RESPUESTAS

> Donde quiera que se ama el arte de la Medicina, se ama también a la humanidad.
>
> PLATÓN

Recuerdo con precisión a mi primer paciente y también las primeras urgencias. A base de haber imaginado tantas veces esos instantes, me resultó siempre muy fácil pasar del juego a la vida real. Me lancé emocionada a la consulta con mi bata blanca recién planchada y mi maletín repleto de fármacos y de ilusión. Sin embargo, pronto me di cuenta de que, en el proceso de superar una dolencia cualquiera, había muchos aspectos ajenos al tratamiento médico que nada tenían que ver con la medicina tal y como yo la había aprendido en la facultad. ¿Por qué algunos enfermos mejoraban rápidamente y otros no? Quizá había que regresar a Hipócrates: «Existe en nosotros una fuerza curativa natural superior a cualquier cosa».

Cuando comencé a ejercer, enseguida comprendí que, en realidad, donde decía «curar», yo quería decir «sanar». Como la sanación es una transformación personal y se consigue solo si no hay ningún médico botarate que se empeñe en cronificar el proceso, no podía evitar sentirme algo inútil. Empecé a buscar la forma de llegar más allá del cuerpo. Hay que considerar que hace treinta años la medicina se entendía como un concepto exclusivamente organicista, es decir, centrada en tratar el cuerpo físico. Se comenzaban a tener en cuenta algunas nociones de inmunología, pero ¿y la psiconeuroinmunología? ¿De qué chiste me hablas? Si comentabas con tus colegas que detrás de un dolor de espalda se podía esconder un miedo, se mondaban literalmente de la risa. La medicina podía curar a veces, pero eso de la sanación... sonaba algo extraño, salvo cuando un niño se hacía una herida y su mamá decía «sana sana, culito de rana...» mientras colocaba su mano y su amor sobre la zona dolorida.

Cuando escuché decir que el amor se transforma en sustancias curativas, pensé que quizá yo no estaba tan desencaminada al recetar abrazos a mis pacientes. El concepto de «ego» lo entendí mucho después. Aprendí a base de escuchar a cada paciente y comprobar que, efectivamente, detrás de cada dolor físico se esconde un pensamiento y detrás de cada pensamiento, una emoción. En el fondo, el ego viene a ser algo así como la careta que esconde todas nuestras necesidades.

La primera vez que no supe cómo explicarme los acontecimientos tenía veintisiete años y me encontraba en la cabecera de la cama de una anciana moribunda que ya no respondía a ningún estímulo.

—Doctora, ¿usted cree que mi madre podrá aguantar hasta que llegue mi hijo? Es que es el nieto preferido y viene para el entierro. Lo malo es que no podrá estar aquí hasta dentro de cuatro días.

—Me encantaría poder responder que sí, pero la abuela está bastante pachucha —contesté mientras cerraba mi maletín y me disponía a salir de aquella habitación donde acechaba ya la muerte.

La anciana aguantó con vida, estable, hasta que pudo morir confiada y en paz con su nieto sujetándole la mano. ¿Cómo adivinó el momento para marcharse si llevaba ya varios días en coma?

Siendo testigo de muchos casos similares a este, fui atando cabos. Cualquier oportunidad era buena para ampliar esa visión hacia una medicina más holística que me ha acompañado durante toda mi vida profesional y lo sigue haciendo hoy en día. Hay una fuerza especial dentro de nosotros que contribuye a mantenernos con vida, mucho más allá de lo que nuestros propios órganos y sistemas saben hacer. El doctor Luis Rojas Marcos, psiquiatra a quien desde mi época de estudiante profeso especial admiración y respeto, cuenta que, hace años, Erling Kagge, el explorador del Polo Norte, hablando de superar adversidades, le dijo: «Mira, Luis, a la hora de la verdad, para sobrevivir perdidos en las montañas nevadas, lo que separa a los vivos de los muertos no es lo que llevamos en la mochila, sino en la mente». El doctor Rojas resume esta idea en su libro *Optimismo y salud*: «Para desarrollar al máximo las posibilidades de vivir sanos y contentos, no solo hay que ganar la batalla a las enfermedades, sino que también es importante nutrir los rasgos saludables de nuestra naturaleza».

Siempre les digo a mis pacientes que el cuerpo está diseñado para la armonía y la salud. ¿Imaginas que los procesos vitales como la respiración, los latidos cardiacos o el equilibrio interno dependieran de que nuestro cerebro consciente dictara órdenes constantes y precisas al resto del organismo? Menos mal que hay una parte del cerebro que funciona de forma autónoma y sin necesidad de que prestemos ningún tipo de ayuda voluntaria. Es precisamente esa parte la encargada de mantenernos vivos. Y más allá de esas estructuras cerebrales, hay también una perfecta conexión entre cuerpo, mente, emociones y espíritu que en sí misma da sentido último a la vida.

Y de eso se trata, de ir descubriendo el arte de contribuir a que nuestro paso por la vida adquiera su verdadero significado. Si de verdad aspiramos a vivir sanos y felices, no podemos delegar nuestros deseos en factores externos. El verdadero concepto de sanación va mucho más allá de un frasco de píldoras. Aunque nos quieran vender la felicidad en anuncios televisivos con paisajes y músicas sugerentes, está claro que depende única y exclusivamente de mirar dentro de nosotros mismos. Mi amigo, el escritor José Ballesteros de la Puerta, explica de forma acertada y didáctica este concepto en su libro *El séptimo sobre*: «La felicidad está en el ser y no en el tener».

Suele ocurrir que, en nuestro afán por rozar la plenitud y colmar nuestras expectativas, vamos comprando todos los perfumes, bombones, automóviles, trajes, bebidas, adornos y cualquier otro objeto que prometa regalarnos una dosis extra de satisfacción. Cuanto más llenamos nuestros armarios, estanterías y cajones, más vacío vamos encontrando, y esa sensación nos impulsa a salir salir de nuevo al centro comercial más cercano.

Nos hemos acostumbrado a «medicalizar» la vida cotidiana:

«Doctora, quiero que le recete a mi hija unos tranquilizantes ahora que está de exámenes. Es que se pone muy nerviosa y no da pie con bola».

«¿Podría recetarle a mi hijo alguna pastilla para la depresión? Es que ha roto con la novia y está muy triste».

«Traigo al niño porque le cuesta concentrarse. He estado leyendo en internet y creo que tiene trastorno por déficit de atención e hiperactividad».

«Vengo por algún tratamiento para que no me afecte la astenia primaveral».

«Quiero que le recete a mi padre algo para que supere el bajón que tiene porque el mes pasado se quedó viudo».

«Me he quedado sin trabajo. Necesito antidepresivos».

«¿Podría darme algo para que la niña coma mejor? Es que en verano le disminuye mucho el apetito».

«Vengo a que me recete algo que me suba el ánimo. Tengo como un no sé qué que creo que es ansiedad. Mi cuñada toma unas pastillas amarillas que le van muy bien».

> La felicidad no se puede recorrer, poseer, ganar o consumir. La felicidad es la experiencia espiritual de vivir cada minuto con amor y gratitud.
>
> DENIS WAITLEY

Las otras medicinas

Definitivamente, mi medicina se quedaba muy corta. Ninguna asignatura de las estudiadas durante la carrera tenía en cuenta la conexión entre cuerpo, mente, emociones y espíritu.

Me llamó poderosamente la atención una frase de José Narosky: «El médico que no entiende de almas, tampoco entenderá de cuerpos».

Había llegado el momento de comenzar a indagar en otros campos. ¡Dicho y hecho! Me desprendí de la bata blanca, el fonendoscopio, la seguridad de mi zona de confort y, sobre todo, de mis paradigmas. Comencé a interesarme por lugares lejanos y exóticos donde se practicaban diferentes métodos de sanación.

Descubrí la selva amazónica en 1994 viajando hacia el noroeste desde Manaos, en Brasil. Regresé veinte años más tarde porque tuve la suerte de viajar varias semanas por Perú de la mano de un doctor en arqueología. Le hablé sobre mi curiosidad por el chamanismo. Me escuchó con atención y comentó: «Si usted quiere acercarse a estas creencias y tradiciones curativas, antes tiene que cumplir tres condiciones: viajar hasta la cuna del chamanismo, aprender con la mente y el corazón abiertos y, después, comprometerse a transmitir con amor todo lo que aprenda».

Tras varias semanas recorriendo la sierra por el Parque Nacional de Huascarán hasta Chavin de Huantar y emparme de nociones arqueológicas, nos dirigimos hacia Iquitos, la puerta de entrada a la selva amazónica peruana. Nos instalamos en una cabaña, y mi primera lección se presentó aquella misma tarde. En plena jungla, una turista alemana que se hospedaba allí con su grupo dio un mal paso y sufrió un esguince en el pie derecho. En cuanto me enteré de que podía serle útil, no tardé ni dos minutos en improvisar una férula para inmovilizar el tobillo, le recomendé reposo y le expliqué la importancia de mantener ese pie en posición elevada. Siguió mis indicaciones y permaneció varias horas postrada en una hamaca suspendida entre dos árboles, con el tobillo hinchado y dolorido, espantando los insectos con la mano y ahuyentando a los monos con un periódico.

Al atardecer, llegó un indígena ataviado con plumas y la cara pintada de color naranja. Al parecer, era el chamán de una tribu cercana. Yo observaba con atención. Preparó una mezcla de hierbas a la que añadió barro, ceniza e incluso su propia saliva. Retiró la férula y rodeó el tobillo lesionado con el emplasto. La hinchazón desapareció. A la mañana siguiente, el esguince se había curado por completo. Me propuse localizar al chamán como fuera y preguntarle qué había hecho para disminuir aquella inflamación. Tras varias horas de caminata por la selva abriéndonos paso a través de la maleza y de navegar en una barquichuela sobre las tranquilas aguas del río Momón, llegué hasta su poblado, acompañada por mi arqueólogo favorito y un guía local. Conseguimos pasar varios días aprendiendo de la sabiduría del chamán. Aquella experiencia marcó una nueva perspectiva en mi idea de sanación. Se rompieron los esquemas previos con respecto al ejercicio de la medicina.

Verdaderamente, como afirma mi colega el doctor Deepak Chopra: «Un médico con su bata blanca y su fonendoscopio colgado al cuello que se mueve alrededor de la camilla del paciente entre aparatos diagnósticos, lámparas y cables se parece mucho a un hechicero con su tambor y su sonajero danzando alrededor de un enfermo». Ambos ejercen una increíble fuerza en las expectativas de curación del que acude a ellos solicitando ayuda. Es más, el médico tiene la capacidad de influir a favor o en contra de la curación del enfermo solo con el gesto de su cara mientras observa una radiografía. Antes de pronunciar la primera palabra, el paciente ha adivinado el pronóstico y ha decidido de forma inconsciente su respuesta al tratamiento.

He visitado la selva amazónica en cinco ocasiones. Aprendí sobre plantas medicinales; sobre curar «el susto» de los niños; sobre emplastos; sobre ceremonias a la Madre Tierra, La Pachamama, como ellos la llaman; sobre el poder sanador de los rituales; sobre el exquisito respeto por la naturaleza y, sobre todo, sobre el potente efecto curativo del contacto físico y las palabras amables.

He recopilado lo mejor de cada cultura, desde India a Bolivia, desde Camboya a la Patagonia argentina, a Sri Lanka, Egipto, el desierto de Siria, la sabiduría inca, los últimos descendientes yáganas de Tierra de Fuego, la medicina oriental de Myanmar, los remedios curativos de los escasos habitantes del Círculo Polar Ártico, los santeros cubanos, las tradiciones aztecas o cualquier otro pueblo que ofreciera recetas de salud diferentes a las que ya conocía. Cuando te asomas con curiosidad y escuchas con atención lo que los otros te quieren decir, es asombroso todo lo que se puede aprender. Dejar a un lado las rutas turísticas, visitar los mercados y hospitales, convivir con los nativos y olvidar la conexión a las redes sociales es una forma muy eficaz de ampliar los límites de la mente y observar el mundo desde un cerebro menos analítico y rígido.

Todos los sanadores que han tenido la generosa disposición de compartir conmigo su tiempo y su sabiduría tienen un denominador común: saben mirar más allá del cuerpo puramente físico, comprenden la estrecha relación entre salud, mente y emociones y, además, nos muestran el camino para llegar al alma. Es justo desde el alma desde donde se inicia el viaje hacia la auténtica transformación.

Tras más de treinta años viajando y buscando cualquier tipo de medicina que pudiera ayudar a mis pacientes a mejorar, he comprobado que la base de todas las terapias eficaces se basa en tres grandes pilares: respiración, meditación y amor.

La sanación es un proceso integral que se consigue cuando recuperamos el equilibrio interno. Hay que aprender a mirar dentro. Y la puerta de entrada es la respiración. No es posible sanar sin calmar el ruido mental de nuestros pensamientos.

Es necesario aprender a querernos y cuidarnos mejor a nosotros mismos antes de salir a cuidar a nuestros seres queridos, nuestros amigos o nuestros pacientes.

Y cuando se trata de recuperar la salud, un ingrediente indispensable para la mejoría es el amor que el médico, el chamán, el santero, el curandero, el hechicero o el sanador, sean capaces de transmitir a su paciente.

Como decía Antoni Gaudí mientras dibujaba los planos para la construcción de la Sagrada Familia: «Para hacer bien las cosas, primero es necesario el amor; después, la técnica».

Los músicos, el director de orquesta y la parte invisible de la partitura

Para entender la relación entre cuerpo, mente, emociones y su influencia en la salud es importante conocer a todos los protagonistas implicados en el proceso. Vamos a acercarnos a comprender a los intérpretes y al director de la orquesta y a saber por qué a veces la música suena de forma armoniosa y, en otras ocasiones, se escucha algún tono desafinado.

Desconozco quién ha podido contarlas porque la cifra es para quitar el hipo: el cuerpo humano contiene entre treinta y cuarenta billones de células. Estas células se especializan para formar tejidos, órganos y sistemas. A pesar de que cada grupo se implica en una función determinada, todas se relacionan y se comunican entre sí buscando un perfecto equilibrio. Cuando se rompe esta armonía en alguna parte del cuerpo, el resto se esmera en ayudar a la recuperación cuanto antes.

El encargado de poner orden entre tantas y diversas células del organismo es el cerebro, que contiene a su vez sus propias células: las neuronas. Tampoco sé cómo se han cuantificado, pero se calcula que un cerebro alberga unos cien mil millones de neuronas. ¿Cómo se comunican entre sí? A través de sinapsis: conexiones neuronales que transmiten la información por medio de neurotransmisores. Cada neurona se ramifica en más de cien mil dendritas y de esta forma se pueden dar millones de conexiones en un instante. ¿Imaginas que tuviéramos que estar pendientes de todas estas señales? Por suerte, la mayoría de lo que sucede en nuestro cuerpo escapa a nuestro control consciente. Si esta perfecta organización dependiera de nuestra voluntad, nuestro cuerpo colapsaría en pocos segundos.

El cerebro, a pesar de su fragilidad, es el órgano más importante del cuerpo y el único que no descansa nunca. Actúa a modo de director de orquesta para conseguir que todos los músicos interpreten con éxito las partituras. Incluso el corazón puede descansar y se recupera en cada diástole. El director no cesa su actividad, ni siquiera durante el sueño profundo, porque su función principal es mantenernos con vida.

En su papel de llevar la batuta, consume el 25 por ciento del oxígeno, el 25 por ciento de la glucosa y el 25 por ciento del riego sanguíneo de todo el organismo. Eso significa que el cerebro consume una barbaridad. Y este consumo es similar, independientemente de que el individuo esté realizando alguna tarea que requiera especial concentración, contemplando una obra de arte o rumiando una preocupación.

¿Es lo mismo mente que cerebro?

Aunque a veces confundimos ambos conceptos, mente y cerebro no son lo mismo. El cerebro está formado por neuronas, es decir, lo que se ve, se mide, se pesa y se toca. La mente es el conjunto de pensamientos, emociones, sentimientos e impulsos, esto es, lo que no se ve, no se puede medir, no se pesa y es intangible.

El cerebro es el sustrato anatómico de la mente. Los pensamientos son la base bioquímica de la comunicación entre las neuronas porque actúan de neurotransmisores.

Tenemos entre setenta y cinco mil y cien mil pensamientos al día, y las neuronas no paran de digerir información. Las emociones son reacciones complejas en las que se mezclan tanto la mente como el cuerpo. Son energía filtrada por el pensamiento. Modulan el tipo de señales que el cerebro recibe para activar un patrón cerebral y ponen en marcha tres tipos de respuestas:

- Un estado mental subjetivo: me siento bien o mal.
- Unos cambios fisiológicos: sudoración, taquicardia, cambios en la respiración, dilatación de las pupilas...
- Un impulso a actuar: risa, llanto, aproximación, rechazo...

¡Ojo! Tanto los pensamientos como las emociones pueden modificar la anatomía cerebral porque influyen directamente en los procesos de neurogénesis, es decir, en la producción de nuevas neuronas. El resto de las células del organismo se dividen cada cierto tiempo para poder ir renovando los tejidos. Las neuronas son incapaces de dividirse, y por eso, hasta hace relativamente poco, desconocíamos la neurogénesis: el sistema por el que a lo largo de la vida se forman neuronas nuevas a partir de células madre. Las células madre tienen la capacidad de crear cualquier tipo de célula del organismo. En el cerebro generan neuronas. Es importante recordar que el estrés bloquea esta capacidad. Un cerebro estresado no puede crear neuronas nuevas. Se ha demostrado que, durante este período, el cerebro acumula las células madre que darán lugar a nuevas neuronas cuando volvemos a un estado de relax. Es como si, conocedor de que necesitaremos una reparación tras la etapa estresante, aprovechara el tiempo acumulando células para regenerarse en períodos de calma.

Breve repaso de la anatomía cerebral

Si nos asomamos dentro del imbricado sistema de circuitos y conexiones neuronales, encontramos tres zonas anatómicamente diferenciadas, aunque íntimamente relacionadas entre sí:

Cerebro reptiliano: corresponde al tronco encefálico. Se llama así porque es similar al que presentan los reptiles. Fue el primero en aparecer en la evolución humana. Se corresponde con el sistema nervioso autónomo (SNA), la parte del cerebro que se encarga de la supervivencia. Consta de dos partes muy diferenciadas con efectos justamente opuestos. Se combinan entre sí dependiendo de nuestras necesidades para mantener el equilibrio interno.

1. Sistema nervioso simpático: domina en la respuesta básica frente al estrés. Sus nervios salen de la médula espinal y se activan en el movimiento. Su principal neurotransmisor es la noradrenalina.
2. Sistema nervioso parasimpático: interviene en la respuesta de calma. Sus nervios se unen para formar el nervio vago. Su principal neurotransmisor es la acetilcolina.

Ambos sistemas manejan las funciones que no dependen de nuestra voluntad: respiración, sueño, digestión, ritmo cardiaco, sudor... y se aceleran o enlentecen dependiendo del neurotransmisor que predomina. El tronco encefálico no tiene ego. A este cerebro no le importa si consigo éxitos, discuto con mi prima o me siento triste. Su único afán es mantenerme con vida el mayor tiempo posible. Recibe los datos, los analiza y responde con procesos automáticos. Recoge señales externas a través de neuronas que ascienden por la médula espinal y señales internas de las vísceras a través del nervio vago (que de vago solo tiene el nombre, porque en realidad se ocupa de muchísimas funciones vitales). Ante una amenaza, el cerebro reptiliano únicamente tiene tres respuestas: huir, atacar o paralizarse. Como esta parte del cerebro no sabe manejar el estrés crónico, responde con una enfermedad que sí es capaz de controlar. Nos volveremos a referir a él en el capítulo 5, cuando hablemos de serenidad.

Si mantenemos el cuerpo bajo una amenaza constante, se inicia un proceso patológico. Este proceso es muy sencillo. El cuerpo comienza enviando señales de alarma para indicarnos que es necesario disminuir el estrés: dolores, contracturas, molestias digestivas, pérdida del cabello, dificultad para dormir... Si no tenemos en cuenta esos avisos para que cambiemos nuestro estilo de vida, el cuerpo acaba enfermando: úlcera de estómago, infarto de miocardio, asma, artritis, depresión... Es como si la cadena de mantenimiento acabara rompiéndose por el eslabón más débil.

Cerebro límbico: comprende una serie de zonas anatómicas que rodean al anterior. Se conoce como «cerebro emocional» porque trabaja directamente con las emociones, los sentimientos y los afectos. Es similar en todos los mamíferos. Florece en los tres primeros años de vida y completa su maduración hacia los once años. ¿Cómo se forma? Por imitación. El niño aprende y copia de sus padres y maestros. ¿Qué necesita para su correcta maduración? Amor. ¡Ojo! No funciona de forma racional, se rige por emociones.

Sus partes más características son:

- Hipotálamo: se encarga de los impulsos básicos de supervivencia. Es una parte del cerebro límbico estrechamente relacionada con las emociones y, además, es el centro de control de las funciones involuntarias de órganos internos como el corazón, los vasos sanguíneos, el sistema digestivo y las glándulas endocrinas, es decir, de las funciones que dependen exclusivamente del sistema nervioso autónomo y escapan a nuestro control racional.
- Hipocampo: registra los hechos puros y trabaja en funciones de memoria.
- Amígdala: colorea de forma emocional los hechos. Por poner un ejemplo: el hipocampo reconoce a mi vecino y la amígdala me dice si mi vecino me gusta o no. Es la parte del cerebro relacionada con el miedo y actúa como memoria emocional. El miedo es un proceso de memorias de dolor proyectadas al futuro. Es la región del cerebro que más se activa con el estrés. Yo la llamo «la vieja del visillo» porque es la región anatómica que siempre está pendiente de encontrar algún chisme y correr la voz de alarma al resto del cerebro.

- Ínsula: situada justo debajo de la corteza cerebral. Se relaciona con el dolor y con las emociones derivadas del mismo. Es la región que se activa cuando tenemos un presentimiento. Actúa también como «estación» donde se conectan la mayoría de las estructuras del resto del cerebro y se comunica con las neuronas del corazón y del intestino. Es la zona que me avisa de que me estoy enamorando porque envía estímulos a mi corazón para que se acelere cuando me encuentro con la persona amada.

Además de estas zonas, el cerebro límbico contiene una red compleja de núcleos y neuronas especializadas en múltiples funciones:

- Establece el tono emocional.
- Etiqueta los eventos y vivencias importantes.
- Guarda en la memoria los recuerdos de esas vivencias importantes.
- Controla el apetito y el sueño.
- Modula la libido.
- Se relaciona con funciones olfatorias, por eso se le denominó «rinencéfalo». Ante un determinado olor, podemos simplemente decidir si es agradable o desagradable o podemos asociarlo a un recuerdo concreto. Ambos procesos son diferentes. La identificación de olores se realiza en la corteza olfativa, mientras que la asociación a un recuerdo tiene que ver con una emoción y depende del cerebro límbico.
- Juega un papel importante en la motivación y el aprendizaje.

¿Qué ocurre si el cerebro límbico pierde su equilibrio?

- Se sufren cambios de humor y la persona se vuelve mucho más irritable.
- Aumentan los sentimientos de miedo y de tristeza.
- Pueden aparecer alteraciones del apetito, del sueño y del deseo sexual.
- Hay tendencia al aislamiento social.
- Aumentan los pensamientos negativos. Este aumento favorece la aparición de más pensamientos negativos. Es como tirar de una cereza y que aparezcan muchas más. Lo trataremos con detenimiento en el capítulo 9.

Corteza cerebral: envuelve al resto de estructuras. Representa la parte más evolucionada del cerebro y es semejante a la que presentan los primates. En la especie humana, hay una parte de corteza más evolucionada: neocórtex o corteza prefrontal. Es la responsable de la razón y la voluntad. Guía el comportamiento, permite el manejo del tiempo, crea expectativas, realiza planes y nos ayuda a justificar lo que sentimos en nuestro cerebro límbico. Es la estructura que nos permite planificar y adivinar las consecuencias de una determinada acción. Esto explica por qué en ocasiones no somos capaces de tomar una decisión en la que estén de acuerdo nuestras emociones (cerebro límbico) y la parte cognitiva aportada desde el neocórtex. La parte central se conoce como «córtex prefrontal medio» y actúa como centro de autorreferencia: es donde se producen los diálogos internos del *yo* y donde además se localizan las redes neuronales relacionadas con la bondad y la compasión. Curiosamente, la misma estructura anatómica interviene en cuestiones relacionadas con el egoísmo y también con el amor, como si fueran dos caras de una misma moneda.

El cerebro no es solo el órgano blandito que vive en la cabeza, dentro del cráneo. Hay estructuras cerebrales muy importantes que se alojan en:

Corazón: se le conoce como el «cuarto cerebro». Presenta entre cuarenta mil y sesenta mil neuronas pensantes, de las que toman decisiones. Puede registrar, procesar y almacenar información sin contar con el sistema nervioso central. Es la zona de paso entre lo que ocurre en el córtex y lo que acontece en las tripas. En un lenguaje poético, podríamos decir que el corazón trabaja con certezas y la mente, con dudas. Cuando hablemos de la coherencia cardiaca en el capítulo 6, vamos a profundizar en algunos aspectos muy interesantes relativos al corazón y su relación con el cerebro.

Intestino: alberga más de quinientos millones de neuronas que se agrupan en dos plexos, el submucoso y el mientérico, para formar el sistema nervioso entérico (SNE). Forma parte del sistema nervioso autónomo y por eso no depende de nuestra voluntad. Va por libre. Es llamativo que un órgano aparentemente dedicado a los procesos digestivos contenga cinco veces más neuronas que la propia médula espinal. Por eso sentimos mariposas en el estómago cuando nos enamoramos y por eso también sufrimos diarrea si nos dan un fuerte susto. En su interior, se sintetizan neurotransmisores, como la serotonina, que se relacionan directamente con el bienestar.

Cerebro intracelular: todas las células del cuerpo presentan receptores para determinados neurotransmisores y hormonas. Podríamos considerar que existe un cerebro en cada célula del organismo que responde de forma acompasada con el cerebro anatómicamente dicho. De alguna manera, todas las células tienen tareas superiores que entienden: si mi amígdala cerebral indica miedo, todas las células de mi cuerpo se contagian de esa emoción. ¿Imaginas lo poco saludable que pueden resultar varios billones de células asustadas? Lo bueno es que cuando sonrío, esos millones de células sonríen también. Con lo cual, es fácil intuir que las emociones y los pensamientos saben viajar hasta la mismísima punta del pie. ¿Qué implicación puede tener este hecho sobre la salud? Como afirma el doctor Bruce Lipton, uno de los pioneros en el desarrollo de la biología celular: «Los pensamientos pueden curar más que los medicamentos».

¿Cómo se organiza el cerebro?

La información del exterior se recoge a través de los órganos sensoriales, vista, tacto, gusto, olfato y oído, y se procesa en las diferentes regiones del cerebro. El sentido propiamente dicho es la combinación de cada órgano con su receptor cerebral. Un ojo sin conexión nerviosa con la corteza visual es un ojo ciego y un oído sin conexión con la corteza auditiva es un oído sordo.

Además, contamos con otros sentidos algo menos conocidos: la interocepción. ¿Qué significa esta palabreja? Son sentidos internos fundamentales para recopilar información que escapa a los cinco sentidos habituales: propiocepción, orientación temporo-espacial y percepción de la cantidad.

Con todas las señales, el cerebro va creando una película subjetiva. Cada cerebro tiene su propia percepción de lo que ocurre en la realidad porque realiza una selección exhaustiva de toda la información que se está dando a la vez. Por eso no estamos pendientes del contacto de nuestra ropa en la espalda, salvo que nos apriete el traje, y solo prestamos atención al dedo meñique del pie izquierdo si nos roza el zapato. Y por este motivo «cada uno cuenta la feria como le va».

Ante estímulos contradictorios, siempre tiene mucho más peso la información interna del cuerpo que la que llega del exterior. Por eso nos sentimos mal si nos duelen las muelas, aunque fuera luzca un sol estupendo. Este fenómeno podemos utilizarlo a nuestro favor: si abro los brazos, miro hacia arriba y sonrío, estoy enviando a mi cerebro un estímulo positivo de confianza y automáticamente me siento bien, aunque fuera esté lloviendo a cántaros o acaben de darme una mala noticia. Te invito a probarlo en este instante: abre los brazos, mira hacia arriba y sonríe. Te sentirás mucho mejor, tanto física como mentalmente. Parece magia, pero en realidad son conexiones neuronales.

¿Cómo se refleja este proceso en la conducta?

El cerebro clasifica los estímulos en buenos, por lo tanto, me acerco, y malos, por lo tanto, los evito. La amígdala recuerda esta clasificación y nos indica de qué huir incluso antes de que la información pueda ser procesada en el neocórtex. ¿Qué quiere decir esto? Que la mayoría de las veces reaccionamos de forma automática ante estímulos y situaciones sin tener tiempo para razonar y encontrar otro tipo de respuesta más apropiada. El sustento de la inteligencia es la capacidad de tomar las riendas y conseguir un equilibrio perfecto entre cerebro pensante y cerebro sintiente.

Hay un dato curioso, y es que el cerebro sigue la ley del mínimo esfuerzo: a pesar de su alto consumo de energía, construye redes neuronales. Son patrones que se repiten para evitar el trabajo en exceso. Se crean surcos cerebrales porque se activan las mismas conexiones neuronales. Es como si en mitad de un bosque repleto de vegetación, con el paso constante se fueran abriendo caminos. Primero pequeñas sendas que, a base de transitarlas, acaban siendo rutas ya conocidas e incluso auténticas autopistas de información. Por eso, ante estímulos similares, respondemos siempre del mismo modo. El truco reside en crear nuevos patrones cerebrales. Ser capaces de arriesgarnos a buscar nuevas rutas en medio de la tupida vegetación: el cambio es sinónimo de aprendizaje.

Mantener el cerebro activo no es lo mismo que crear nuevas conexiones neuronales. Mucha de la actividad cerebral se realiza en piloto automático. ¿Cómo salir de ahí? Hay que crear nuevos hábitos. ¿Qué es un hábito? Una acción, una «no acción», una emoción o un pensamiento que se repite de forma constante y regular. Pasamos el 95 por ciento del tiempo pensando y haciendo las mismas cosas. Si soy músico, por ejemplo, cuando interpreto una partitura activo rutas cerebrales ya conocidas. Para crear nuevas conexiones, debo ejercitarme en actividades nuevas, como aprender a cocinar o jugar al golf. Si soy cocinero, será bueno que aprenda a tocar un instrumento o cualquier otra actividad que me resulte nueva. Dedicarme a lo que ya sé implica activar y mantener las mismas redes neuronales. Para crear nuevas rutas es imprescindible aprender cosas nuevas y crear nuevos hábitos.

Con respecto a la relación cuerpo, mente y emociones, es fundamental prestar atención al verbo sentir: «¿Cómo me siento?». Para que exista armonía, es importante que las respuestas del cerebro racional sean acordes a las del cerebro emocional y, a su vez, trabajen al unísono con las decisiones tomadas desde el corazón y el intestino. Solo así puedo sentirme bien. Cuando todas las neuronas responden de forma coherente, la salud y el bienestar están asegurados. Por eso, si mantengo una relación, un trabajo o un hábito donde siento «que tengo que marcharme», se rompe ese equilibrio, pierdo la energía y empiezo a correr el riesgo de enfermar.

Podríamos decir que la armonía entre mente, emociones, cerebro, corazón, intestinos y todos los demás órganos es sinónimo no solo de salud, sino también de bienestar. Es muy importante aprender a interpretar la melodía de forma armónica y con el menor número posible de acordes desafinados.

En un cerebro «coherente» se producen tres tipos de cambios:

- Eléctricos: aumentan las ondas alfa y theta, que, como veremos, se relacionan con la calma y el equilibrio interno.
- Estructurales: gracias a la neuroplasticidad, se producen cambios que favorecen la creación de nuevas neuronas y amplían las conexiones neuronales entre las ya existentes.
- Bioquímicos: disminuyen los niveles de neurotransmisores relacionados con el estrés y aumentan los relacionados con la tranquilidad y el bienestar.

¿Cómo mantener la coherencia?

Con todas las actividades que nos hacen sentir bien: procurar hábitos saludables; aprender cosas nuevas; mantener relaciones inspiradoras; respirar de forma consciente; practicar actividades que nos gustan; aprender a gestionar el estrés; prestar atención al diálogo interno y, sobre todo, «sintiendo» y aprendiendo a decir «no» a todo lo que no nos sienta bien. Este tipo de coherencia está tan estrechamente relacionada con la salud física y el bienestar emocional que merece un capítulo para ella sola. Hablaremos de esta relación en el capítulo 6.

Pero no se puede terminar este capítulo sin mencionar tres «alimentos» muy nutritivos para el cerebro: el perdón, el agradecimiento y la bondad. Tal como afirma el doctor Richard Davidson: «La base de un cerebro sano es la bondad, y se puede entrenar».

Por prescripción facultativa:

La próxima vez que sientas un «no sé qué» y te sorprendas de camino a unos grandes almacenes, a la nevera en busca de algún dulce de nata, con el teléfono móvil en la mano abriendo una página de irresistibles ofertas en zapatos o a punto de iniciar cualquier comportamiento cien veces repetido para llenar ese vacío, te invito a probar algo nuevo.

Pregúntate qué carencia real estás intentando paliar. Conecta con la emoción y busca en qué parte de tu cuerpo se manifiesta la emoción.

¿Qué tal un paseo junto a la ribera de un río, cantar tu canción favorita, colocar los cajones del armario o llamar por teléfono a ese amigo con el que apenas has charlado últimamente?

No se trata de desviar tu atención, más bien todo lo contrario. El truco está en prestar atención al cuerpo. El cuerpo sabe de verdad qué es lo que necesita, solo es necesario aprender a escucharlo.

> **Escucha tu ser. Está continuamente dando pistas. Es una voz suave. Y si estás un poco callado, comenzarás a sentir tu camino.**
>
> OSHO

2
ENTUSIASMO

> La medicina está tan cerca del amor como de la ciencia.
>
> RACHEL NAOMI PEMEN

Siempre quise ser médico. No recuerdo haber querido dedicarme a otra cosa desde que tenía cuatro años. En aquella época, mi único contacto con la medicina se reducía a enseñar la garganta a unos señores muy mayores y serios de bata blanca que me pedían abrir la boca, decir treinta y tres o respirar según me iban indicando mientras deslizaban por mi tórax una chapa fría que unían por unas gomas hasta sus orejas. Con ellos aprendí que me sentía mucho mejor cuando me sonreían, me llamaban por mi nombre y me explicaban con paciencia en qué iba a consistir la exploración. Disfrutaba aprendiendo y practicando primeros auxilios o leyendo historias de médicos. A los trece años quise aprovechar las vacaciones colaborando en alguna institución sanitaria. El único lugar que permitía mi presencia era un hospital geriátrico que aceptó mi ofrecimiento desde las tres de la tarde hasta las diez de la noche. Al principio, mi intervención con los pacientes no pasó de hacer camas, repartir meriendas y asear a los internos inmovilizados. Pero mi entusiasmo era tan grande que, tras los primeros días, me dejaron realizar las curas e incluso colocar los termómetros. Sor Cristina, una monja risueña y muy simpática, me enseñó a apuntar la temperatura en hojas de registro, a tomar la tensión arterial y a poner inyecciones. «Tienes que dividir la nalga en cuatro y ser muy cuidadosa en pinchar siempre en el cuadrante superior externo. No te olvides, porque puedes dejar al paciente cojo si le pinchas en el nervio ciático. Vamos, al anciano de la habitación 107 lo vas a pinchar tú. Yo te iré explicando. Primero abres la ampolla con cuidado y cargas la jeringa. Te colocas a la espalda del paciente. Nunca te olvides de preguntarle si es alérgico a algún medicamento. Desinfecta bien la zona con el antiséptico antes de pinchar. Introduce la aguja en un ángulo de noventa grados y, antes de pasar la medicación, aspira un poco para comprobar que la aguja no haya ido a parar a ningún vaso sanguíneo. Si no hay sangre, ¡adelante! Empuja el émbolo despacio. Si lo haces rápido, le dolerá más. Retira con cuidado y masajea un poquito la zona, para que se absorba mejor la medicación y, de paso, le duela algo menos. Ya ves que es fácil».

Me sentía feliz apuntando temperaturas y tensiones en las historias clínicas, pero aquello de pasar a los tratamientos intramusculares era de nivel superior. Como ascender de soldado raso a cabo primero. Solo me atrevía a pinchar a los ancianos que estaban ya encamados o paralíticos, no fuese que en un descuido pudiera pillar el nervio ese tan importante... La tarde que administraba más de un par de inyecciones abandonaba el hospital sintiéndome incluso licenciada.

Uno de los mejores momentos de mi vida fue comprobar que mi nombre figuraba en la lista de admitidos de la facultad de Medicina. Llegué corriendo a casa y me colgué del cuello de mi madre llorando de alegría. Como los estados de ánimo son contagiosos, ella también lloraba, y mi padre se sumó a nuestra celebración en cuanto se enteró. Incluso mis hermanos me miraron con una admiración desmedida y aplaudieron mi pequeña conquista. Todos los que hubieran pasado por allí se habrían unido a la fiesta, tal era el bullicio que estábamos armando.

Cuando atravesé el umbral del aula magna por primera vez, recordé una frase anónima que había leído años atrás en una postal que mostraba una hermosa fotografía de una montaña nevada: «Hay que tener cuidado con lo que se desea porque se acaba consiguiendo».

¿De qué estamos hablando?

¡Hablamos de entusiasmo! Es una palabra de origen griego y quiere decir «en-dios». Se podría traducir como «inspiración» o «rapto divino». En la historia antigua se creía que un entusiasta era un elegido tomado por un dios, que lo guiaba con sabiduría hacia su propósito vital. A mí me gusta entender el entusiasmo como la capacidad de conectarnos con la mismísima fuerza creadora del universo, por eso sentimos una dosis extra de energía y de confianza que nos empuja a seguir hasta la meta. ¡Todo cobra sentido para una persona entusiasta!

Los grandes descubridores, artistas, inventores y líderes de la humanidad consiguieron su triunfo gracias al entusiasmo. ¿Te imaginas a Benjamin Franklin haciendo experimentos con su cometa en un estado de total apatía o a Mozart componiendo el *Ave Verum Corpus* desde el desánimo o la frustración?

Lo bueno de las personas entusiastas es que contagian esa energía arrolladora a todos los que están cerca. A pesar de las dificultades que se encuentran en el camino, eligen la mejor actitud posible en ese momento y son capaces de avanzar y disfrutar del viaje. En eso se distinguen de los ególatras: desde el ego también se puede alcanzar un objetivo, pero sin disfrutar del viaje y a fuerza de pisotear a los demás.

Para la psicología positiva, el entusiasmo es un estado de ánimo que nace del interés y la motivación. ¡Ojo! No aparece cuando las cosas nos salen bien, sino que es justo el estar entusiasmados lo que favorece que las cosas salgan bien. ¿Por qué? Porque el entusiasmo otorga sentido a lo que hacemos y así es más sencillo mantener la motivación, la constancia y la superación. Como todas las emociones agradables, nos orienta a movernos hacia un objetivo que nos interesa. El entusiasmo favorece la puesta en marcha de patrones de pensamiento receptivos y flexibles. Así podemos conseguir respuestas integradoras y novedosas. El entusiasmo no asegura la desaparición de obstáculos en nuestro camino, pero facilita que seamos capaces de enfrentarnos a los desafíos y aporta a la voluntad una dosis extra de energía para alcanzar nuestros propósitos.

Fue precisamente el entusiasmo la emoción que me mantuvo firme hasta conseguir llegar a la facultad, superar todas las asignaturas y exámenes a los que tuve que enfrentarme, buscar muchas otras respuestas fuera del campo exclusivamente médico y, sobre todo, afrontar los retos cotidianos de mi trabajo y seguir disfrutando hoy en día, tras más de treinta años de profesión.

La motivación:

El principal componente del entusiasmo es la motivación, un proceso interno que mueve a la persona a realizar unas u otras conductas según sus deseos o necesidades. Comparte sustrato neuroanatómico y bioquímico con las respuestas y conductas relacionadas con el placer, la recompensa y las adicciones. Es lo que se conoce como «circuito de recompensa».

El circuito de recompensa es el conjunto de vías neuronales que facilita el flujo de información entre las estructuras cerebrales involucradas en las respuestas a estímulos gratificantes. ¿Cómo funciona? El cerebro responde de forma positiva a un estímulo agradable. Se libera dopamina y se activa una zona del tronco cerebral llamada «área tegmental ventral». Esta, a su vez, activa otras regiones del cerebro por dos vías posibles:

- *Vía mesocortical*: es la base de la motivación. Está formada por neuronas que unen directamente el área tegmental con el lóbulo frontal del neocórtex (es decir, tren sin paradas intermedias directo a la razón). Esta activación es la responsable de que se generen respuestas acordes al estímulo que se conocen como «conducta motivada» (hacemos algo de forma voluntaria para cubrir una necesidad o alcanzar un objetivo placentero).

- *Vía mesolímbica*: neuronas que conectan el tronco cerebral con algunas regiones del cerebro emocional (sobre todo el núcleo accumbens, el hipocampo y la amígdala). Esta vía sirve como efecto reforzador de la conducta.

No te desanimes con estas palabrejas. A lo largo del libro vamos a diseccionar el cerebro de forma sencilla y práctica para entender mejor no solo cómo nos mantenemos vivos, sino cómo nos movemos con más o menos gracia por la vida.

Además, hay varios neurotransmisores (sustancias que llevan la información entre neuronas) implicados en la puesta en marcha del circuito de recompensa: ácido gamma-aminobutírico (GABA), glutamato, aspartato, óxido nítrico y, sobre todo, dopamina. La dopamina regula la motivación. Aunque inicialmente se creía que este neurotransmisor se sintetizaba como respuesta a estímulos gratificantes, algunos estudios indican que el circuito dopaminérgico de recompensa se relaciona más con la búsqueda motivacional y no tanto con la sensación de recompensa.[1] Actualmente se sabe que los neurotransmisores más implicados en las experiencias placenteras son las endorfinas.[2] Hablaremos de endorfinas más a fondo en el capítulo sobre el dolor.

Como explica la doctora Tali Sharot, profesora de neurociencia en la Universidad de Londres y directora del Laboratorio del Cerebro Afectivo, el optimismo tiene un pequeño componente genético, pero fundamentalmente es una actitud que se elige. Esto quiere decir que no nacemos desencantados, fríos, apáticos o desanimados. Los niños, cuando tienen tres o cuatro años, son capaces de entusiasmarse entre sesenta y noventa veces al día. Por eso tienen siempre energía para jugar y no paran de aprender y hacer preguntas. A medida que vamos cumpliendo años, parece que esa capacidad de entusiasmarnos va disminuyendo. Para mantener el entusiasmo es importante conocer qué actividades o situaciones son capaces de cargarnos las pilas y conseguir aumentar nuestros niveles de energía. La buena noticia, es que, aunque nos encontremos en una etapa carente de entusiasmo, siempre es posible recuperarlo y abandonar el papel de amargado. Hay que reconocer que no es fácil, sobre todo porque hay personas que solo saben utilizar el entusiasmo para encaramarse de forma entusiasta en la amargura.

Por otro lado, la doctora Bárbara Fredrickson, profesora de psicología y neurociencia y directora del Laboratorio de Emociones Positivas de la Universidad de Carolina del Norte, es una de las investigadoras que más se ha involucrado en demostrar que es posible mejorar la vida de las personas desde las emociones positivas. Sus estudios han verificado que las emociones afectan los patrones de pensamiento, el comportamiento social, las reacciones fisiológicas y la salud. Las emociones positivas pueden acumularse y combinarse para sacar lo mejor de nosotros mismos. Por lo tanto, igual que aumentamos el consumo de fruta y verdura cuando atravesamos un período de carencia de vitaminas, cuanto más grande sea nuestro *statu quo* de cenizo, más grande tiene que ser nuestra dosis diaria de entusiasmo.

Puesto que nunca me cansaré de afirmar que el amor es la mejor medicina, en el capítulo relacionado con el amor nos acercaremos con más detenimiento a los trabajos de investigación de la doctora Fredrickson. Entre tanto, si te encuentras en el grupo de los apáticos y desencantados, comienza cuanto antes a realizar actividades que eleven tus niveles de dopamina y a rodearte de personas entusiastas.

> **Los cenizos no nacen, se hacen, y lo tienen muy difícil en la vida.**
>
> DOCTOR ALFRED SONNENFELD

¿Cómo aumentar los niveles de dopamina?

Todo lo que nos hace sentir bien eleva nuestros niveles de dopamina, además de otros neurotransmisores que también se relacionan estrechamente con el bienestar, como las endorfinas, la serotonina y la oxitocina.

- Encontrar un proyecto que nos ilusione: cada persona tendrá que buscar el suyo (organizar un viaje, plantar un rosal, reparar un mueble antiguo, preparar un encuentro familiar, colaborar con una ONG...). No tiene que tratarse de una hazaña épica, lo importante es ponernos manos a la obra y disfrutar desde el primer momento. Incluso con imaginarlo, nuestros niveles de dopamina aumentan.

- Ejercicio físico: se libera dopamina desde el primer minuto y, además, al terminar el ejercicio se produce un nuevo pico tras haberse activado el circuito de recompensa. No hay que castigarse durante horas con máquinas extenuantes. Es suficiente un ejercicio moderado treinta minutos al día durante tres días a la semana. De esta forma, liberamos suficiente dopamina como para sentirnos animados el resto de la semana.
- Música: escuchar nuestras canciones favoritas eleva los niveles de dopamina y endorfinas. Si además bailamos al compás de la música, recibimos una dosis extra.
- Yoga, taichí, pilates, chi kung: cualquiera de estas técnicas eleva los niveles de forma eficaz. Y podemos practicarlas incluso en el salón de casa.
- Sueño reparador: la dopamina interviene en la síntesis de melatonina, imprescindible para conciliar el sueño.
- Momentos de placer: charlar con amigos, cantar, un baño refrescante, un abrazo... Casi todos son gratis y, además, muy eficaces para cargarnos las pilas.
- Concluir tareas: cada objetivo cumplido, por pequeño que sea, es una dosis extra.
- Mantener a raya el estrés: trataremos el tema a fondo en el capítulo 5.
- Alimentos: ingerir alimentos ricos en levodopa (una sustancia precursora de la dopamina) eleva de manera eficaz los niveles de dopamina. En este caso no se produce de forma endógena, sino adquirida (no la

produce nuestro cerebro, pero es igual de válida para sentirnos bien). Las habas, los plátanos, los tomates y las judías verdes son especialmente recomendables. Por eso son fundamentales en la dieta de pacientes con patologías por déficit de dopamina, como los enfermos de párkinson. Recuerdo un paciente con enfermedad de Parkinson al que había que disminuir su medicación (fármacos con levodopa) durante los tres meses que duraba la cosecha de habichuelas de su huerto. Él desconocía este dato, pero observó que cuando comía habas aparecían los mismos síntomas que cuando necesitaba ajustar la medicación por exceso de levodopa.

También son muy relevantes la meditación y la gratitud, pero de estos aspectos hablaremos con más detalle en los capítulos 9 y 10. Lo interesante es aprender a escucharnos y darnos el permiso para comenzar a disfrutar. Se trata de conocer qué puedes hacer para conectar con tu propia música interior.

> **Si un hombre no mantiene el ritmo con sus compañeros tal vez sea porque escucha un tambor diferente. Déjenlo moverse al compás de la música que escucha, por extraña o remota que parezca.**
>
> HENRY DAVID THOREAU

Beneficios de ser una persona entusiasta

Ya en la primera mitad del siglo xx, el doctor Gregorio Marañón, iniciador de la medicina psicosomática en España, describió el entusiasmo como signo de salud espiritual. La doctora Sharot ha comprobado que una persona entusiasta tiende a vivir más tiempo, a recuperarse antes de sus enfermedades y a triunfar más en la vida. Afirma que ser optimista conduce al éxito, tanto personal como profesional. Además, disminuye de forma llamativa el estrés y la ansiedad y protege de manera importante la salud. Con la ayuda de la resonancia magnética funcional, ha localizado la zona cerebral que más se activa con las noticias positivas: la circunvolución frontal inferior izquierda. Ha comprobado que se activa del mismo modo tanto en personas optimistas como pesimistas. Ha localizado también la región cerebral que responde a las malas noticias: la circunvolución frontal inferior derecha. En este caso, cuanto mayor es el entusiasmo, menor es la respuesta de esta región derecha. Es como si el entusiasmo sirviera de pantalla para que la adversidad no nos afecte.[3]

En esta misma línea hay numerosas investigaciones. Me llamó especialmente la atención un estudio experimental muy interesante en el que se analizó el estado de salud y la longevidad de ciento ochenta monjas que, justo antes de ingresar en una orden religiosa, escribieron breves relatos autobiográficos sobre sus vidas y sobre lo que esperaban del futuro. Puesto que las condiciones de vida de las monjas fueron similares, se consideró como variable de salud y longevidad el grado de emoción positiva reflejado en sus escritos. Se encontró una fuerte asociación inversa entre el contenido emocional agradable en estos escritos y el riesgo de mortalidad en la vejez: el 90 por ciento de las monjas del grupo más alegre y entusiasta seguía viviendo a los ochenta y cinco años, en contraste con el 34 por ciento del grupo menos entusiasta.[4]

El doctor Alfred Sonnenfeld, catedrático de antropología y actualmente profesor en la Universidad Internacional de La Rioja, afirma que el entusiasmo actúa sobre el cerebro a modo de abono para activar la neuroplasticidad porque aumenta de forma llamativa las sinapsis neuronales, es decir, la conexión y el paso de información entre las células nerviosas.

Por prescripción facultativa:

¿Buscas una dosis extra de energía? Trae a tu mente ese instante especial en el que se cumplió alguno de tus sueños. No importa si ha pasado mucho tiempo ya. Es válido incluso si no cumpliste tu sueño, pero ganaste un trofeo deportivo o un concurso literario. Evoca ese recuerdo como si realmente lo estuvieras viviendo en el presente. Escucha de nuevo los aplausos o cualquier frase o sonido que oyeras antaño, contempla la escena y siente la alegría. Revive el momento con todos los detalles que te hicieron feliz entonces. Comprobarás que, de forma automática, tu estado de ánimo se eleva. Al recordar el momento de triunfo aumenta tu entusiasmo y notas que es más sencillo conectar con ese héroe anónimo que todos llevamos dentro.

—Doctora, pero yo no tengo en mi recuerdo ningún momento de triunfo...

—En ese caso, inventa algo bonito. El cerebro no filtra si lo que llega es realidad o fantasía y responde de la misma forma cuando recordamos que cuando inventamos sucesos irreales. Una experiencia recordada o imaginada crea los mismos neurotransmisores que una experiencia real. Es tu película y tú eres el protagonista.

—¡Eso quisiera yo! Poder inventar algo bonito, pero con la que está cayendo...

—Precisamente por eso. Para un instante y, con tus circunstancias actuales, observa tu actitud. Aunque no resulte sencillo al principio, elige de manera consciente la mejor actitud que sea posible en este instante. Se trata de repetir la fórmula las veces que haga falta hasta que puedas hacerlo sin tener que esforzarte. ¡Es mágico! Cuando seas capaz de conectar de forma inconsciente con el entusiasmo, comprobarás cómo cambia tu vida.

Si quieres aprender más sobre este tema, puedes leer *Educar para madurar* donde el doctor Alfred Sonnenfeld nos habla del entusiasmo por el trabajo y nos explica las claves de la neurobiología para ayudarnos a madurar.

Te recomiendo también el libro de Víctor Küppers *Vivir y trabajar con entusiasmo*, con el que entenderás la diferencia entre ir por el mundo en plan «bombilla» o como «pollo sin cabeza».

> Hay en el mundo un lenguaje que todos comprenden: es el lenguaje del entusiasmo, de las cosas hechas con amor y con voluntad, en busca de aquello que se desea o en lo que se cree.
>
> PAULO COELHO

3

DOLOR

Lecciones que no se encuentran en los libros

> Lo que verdaderamente determina la salud es el estado del alma.
>
> GHISLAINE LANCTÔT

Con apenas diecisiete años, pude comprobar que el baile calmaba mi dolor de estómago mucho mejor que el tratamiento que me había recetado el médico. Yo entonces no lo entendía. Lo comprendí mucho tiempo después, cuando escuché hablar de endorfinas. Son sustancias que produce nuestro cuerpo con una capacidad para aliviar el dolor cien veces más potentes que la propia morfina. En aquella época estaba en mis últimos años de colegio, contenta e impaciente porque en breve podría comenzar a estudiar lo que había estado soñando desde niña.

Había una profesora con actitud altiva que suscitaba en mí un miedo terrible. Sus comentarios sarcásticos conseguían arruinarme el entusiasmo con mucha facilidad. Recuerdo cómo se me erizaba la nuca cuando, en mitad de clase de matemáticas, me nombraba. Me levantaba del pupitre temblando y caminaba con la mayor dignidad del mundo mientras me dirigía a la pizarra, como el esclavo que sabe que va a ser devorado por las fieras en el circo romano, pero que jamás claudicará ante Nerón. Tomaba la tiza, resignada a aceptar ese cero que con tantas ganas solía regalarme mucho más a menudo de lo que a mí me hubiera gustado. Como me esforzaba en estudiar, conseguía equilibrar la balanza a duras penas, contestando correctamente todas las preguntas de cada examen escrito. No le gustaba nada que mis resultados estuvieran perfectos y arañaba la forma de restarme puntos. En una ocasión, mi examen fue el mejor de toda la clase. Montó en cólera y se empeñó en decir que había copiado todas las respuestas. Tantos meses soportando una humillación tras otra acabaron produciéndome en el estómago una acumulación de ácido clorhídrico nada recomendable. A veces, conseguía salir al cuarto de baño y dar cuatro patadas a la pared o llorar un par de minutos antes de lavarme la cara y volver a clase. Esos días el estómago me dolía un poco menos. Comenzaron las visitas al especialista, pruebas diagnósticas de todo tipo, otra vez a la consulta, más dolores, dietas, pastillas... Aquel médico experto en aparato digestivo no se parecía al amable otorrino que me había atendido en la infancia. Este apenas me miraba, no sonreía, ni tampoco me hablaba después de haberme explorado. Se limitaba a solicitar más pruebas complementarias, a recetarme sobres alcalinos y pastillas para el dolor sin levantar la vista del recetario. Siempre salía de su consulta un tanto atribulada.

Después de varias citas, no conseguía mejorar con los tratamientos. Los dolores eran cada vez más frecuentes y más fuertes. Una tarde, a pesar de estar llorando de dolor, se me ocurrió encender la radio. En aquella época, había una emisora de discos solicitados. Sin yo haber pedido ninguna canción, escuché mi melodía preferida. Me levanté, moví mi cuerpo despacio siguiendo el ritmo. Ya no sabía distinguir si mi estómago dolía más en la cama o bailando al son de la música. Detrás de aquella canción siguieron algunas más. Mi cuerpo pareció relajarse y mis pies marcaban el paso. Una vuelta, otra, sonido de maracas, tambores y mis pies acompañando el ritmo. Se produjo la magia: el dolor desapareció en pocos minutos. Entonces yo no había oído hablar de endorfinas, pero mi cuerpo sabía sintetizarlas al compás de la música.

—Hija, pero ¿no te dolía el estómago? —preguntó mi madre protestando por el volumen de la radio.

—Sí, mamá, pero bailando se me quita.

—Cada día estás más tonta, niña. Baila lo que quieras, pero baja el volumen que vas a molestar a los vecinos. ¡Como me vuelvas a decir que te duele el estómago, no sé lo que te hago!

Y yo seguía bailando ante la atónita mirada de mi madre, que tampoco había oído hablar de endorfinas y no entendía el porqué de mi repentina mejoría. El caso es que al final, al ver que efectivamente el dolor de estómago cesaba con el baile, ella misma me animaba a bailar.

Cuando acabaron las clases, el dolor desapareció del todo. No ha vuelto a aparecer. Comprendí que la causa del mismo radicaba en el estrés al que estuve sometida de forma gratuita durante dos años. Lo había provocado la tensión mantenida por carecer de los recursos necesarios con los que afrontar el comportamiento de la profesora. Agradezco aquel vapuleo, porque siempre que atiendo a pacientes con dolor de estómago recuerdo mi propio proceso y les ayudo a buscar las causas que en su vida cotidiana pueden estar produciendo esas molestias. Incluso los animo a poner en marcha los tratamientos relacionados con la elevación del nivel de endorfinas en el cuerpo.

¡No es tan sencillo como bailar, pero casi! Busca en tu interior y encontrarás el modo de sanar.

Una de las personas que mejor ha sabido sublimar el dolor es Irene Villa. Charlar con ella es siempre una fuente de inspiración y un espacio para la alegría. Yo la llamo «Mujer Medicina» porque sus palabras son siempre una dosis extra de endorfinas. Ella se ríe y dice que, cuando te has salvado de la muerte, adquieres una perspectiva muy poderosa de la vida. En su libro *Los ochomiles de la vida* hay un capítulo completo dedicado al dolor.

> **Si tuviera que vivir mi vida otra vez, habría hecho una regla para leer algo de poesía y escuchar música al menos una vez cada semana.**
>
> CHARLES DARWIN

Hablemos de endorfinas

Su nombre viene de endógeno —es decir, producido dentro del cuerpo— y morfina, uno de los opioides exógenos más potentes que existen. Son sustancias de estructura muy similar a los opioides, con la diferencia de que se producen de forma natural en nuestro cerebro. ¿Qué significa esto? Que nuestro cuerpo las sintetiza automáticamente en todas las situaciones que necesitamos. En cualquier momento, en cualquier lugar, a cualquier hora del día o de la noche y durante los trescientos sesenta y cinco días del año.

Sirven tanto para bloquear la percepción del dolor como para jugar un papel importante en la activación del placer. Actúan sobre receptores específicos e inhiben la sensación de dolor de modo mucho más potente que la morfina, sin sus efectos secundarios y, por supuesto, sin crear adicción. Se conocen como «hormonas del placer» porque estimulan las zonas del cerebro relacionadas con el bienestar.

En realidad, practicar todo lo que nos gusta genera endorfinas. Por lo tanto, aumentan en todos los momentos de placer y escasean en nuestros momentos tristes.

Las endorfinas son neuropéptidos que se sintetizan principalmente en el sistema nervioso central. Circulan libremente en calidad de mensajeros en la conducción nerviosa (neurotransmisores) y conectan de forma estrecha el sistema nervioso, el endocrino y el inmunológico, tres de los sistemas fundamentales del organismo. Representan el sustrato bioquímico de los pensamientos, las emociones, la memoria, los niveles hormonales y la capacidad defensiva de todos los órganos. Aunque hay muchas y muy variadas, las principales son las betaendorfinas, las encefalinas y las dinorfinas. Se sintetizan como todas las proteínas, puesto que son péptidos, a través de aminoácidos que se van uniendo. Hay tres precursores principales que dan lugar a las diferentes endorfinas:

- PROOPIOMELANOCORTINA: precursor de endorfinas
- PREPROENCEFALINA: precursor de encefalinas
- PREPRODINORFINA: precursor de dinorfinas

Estos nombres son algo difíciles, como aquellos que tanto me gustaba pronunciar en primero de carrera, pero comprobar sus efectos es muy sencillo.

Las células productoras de endorfinas se localizan en casi todo el cerebro. Fundamentalmente en cuatro lugares:

- Hipotálamo
- Mesencéfalo
- Corteza cerebral
- Hipófisis

¿Dónde están los receptores para estos neuropéptidos? Hay receptores en casi todo el sistema nervioso. Son más numerosos en:

- Bulbo raquídeo
- Mesencéfalo
- Núcleo accumbens
- Hipotálamo
- Amígdala cerebral
- Tálamo
- Corteza cerebral

En realidad, todo el cerebro produce y responde a estas sustancias. Sus funciones específicas dependen de su localización. Las endorfinas de la corteza cerebral participan en la analgesia, en la toma de decisiones y en los sistemas de recompensa y placer. Las endorfinas que se producen en la médula espinal participan en la transmisión del dolor desde la periferia hasta el sistema nervioso central, o SNC, y, por lo tanto, forman parte de la vía analgésica ascendente: esa señal que se genera en la yema del dedo al golpearnos con un martillo y que asciende por la mano, el antebrazo y el brazo hasta el cerebro en milésimas de segundo. Este estímulo ascendente desencadena de modo automático la vía analgésica descendente que sintetiza endorfinas en la materia gris pericueductal (MGP), y se genera una respuesta desde el cerebro que desciende por el brazo, el antebrazo y la mano, hasta la yema del dedo que recibió el golpe del martillo y está gritando de dolor.

Las endorfinas que se originan en el hipotálamo no participan en los circuitos del dolor, sino que actúan controlando la producción de varias hormonas:

- Prolactina: una hormona fundamental para la reproducción y la lactancia, y vínculo entre los sistemas inmunológico y neuroendocrino. Se ha comprobado también que está muy implicada en algunas patologías de la piel y en algunos procesos autoinmunes.
- Gonadotropinas: activan la síntesis de hormonas sexuales tanto en la mujer como en el hombre. Facilitan la reproducción. Generan el placer del orgasmo y participan en la sensación de placer por la comida, sobre todo por alimentos dulces y grasos.

- Hormona del crecimiento: regula el metabolismo y el crecimiento. En los niños, ayuda a aumentar la estatura; en los adultos, favorece el desarrollo muscular y la disminución de grasa para retrasar el envejecimiento.

Las endorfinas que se sintetizan en el sistema mesocorticolímbico generan una respuesta similar a la dopamina. Se relacionan con estados de ánimos eufóricos, con la motivación y la recompensa. El sistema de recompensa del cerebro es el que regula la sensación de placer. Se activa cuando realizamos actividades que nos gustan, como saborear un pastel, mantener relaciones sexuales, practicar deporte, consumir sustancias adictivas o engancharnos a videojuegos. Se ha comprobado que se activa incluso antes de que comience la actividad, solo con pensar en el placer que nos va a producir. Este sistema influye también sobre nuestra memoria y aprendizaje, porque recordamos y procuramos repetir las situaciones que nos han generado placer y evitamos las desagradables.

En el bulbo raquídeo, las endorfinas enlentecen la respiración y pueden activar las náuseas.

Fuera del sistema nervioso, hay endorfinas estrechamente relacionadas con el sistema inmune que participan en funciones de inmunosupresión y analgesia. También hay endorfinas en el sistema gastrointestinal que disminuyen la motilidad intestinal.

Efectos globales

En la piel tenemos receptores específicos, nociceptores, que se activan cuando reciben un estímulo que pudiera resultar peligroso. Los estímulos capaces de poner en guardia a los nociceptores son la presión alta en la zona, una temperatura superior a 43 grados, cualquier inflamación y la presencia de ácidos fuertes que pueden ser agresivos.

En cuanto se activan estos receptores, las endorfinas se liberan de inmediato. Por eso, en caliente, los traumatismos duelen menos. Cuando nos golpeamos el dedo con un martillo o nos fracturamos un pie, se liberan muchas endorfinas que apaciguan el dolor en ese primer instante. Después, pasado el momento del susto, el dolor es más fuerte. Tenemos también receptores similares a los de la piel repartidos por todos los órganos internos que se ponen en marcha para avisarnos de que algo no va bien, y por eso duele.

Resulta cuanto menos curioso comprobar que con el dolor emocional se activan las mismas zonas cerebrales que se ponen en marcha cuando existe un dolor físico. Las endorfinas se liberan tras una situación intensa de tristeza o estrés, como si en esta ocasión un martillo invisible nos machacara el alma y nuestro cuerpo se esforzará en disminuir ese golpe. Cuando se producen pocas endorfinas es más fácil dejarse invadir por emociones de tristeza, y cuando estamos tristes, los dolores físicos aumentan. La buena noticia es que el dolor disminuye cuando nos encontramos alegres. Por eso la abuela con dolor crónico en la rodilla mejora notablemente, y se olvida incluso de tomar sus pastillas para el dolor, el día que recibe la visita de sus nietos. No es necesario padecer artrosis en la rodilla, cualquiera puede comprobar que el dolor de un corte superficial en la yema de un dedo producido por el filo del papel al pasar la página de un libro puede ser mucho más doloroso que el sufrido por un cuchillo de cocina afilado. ¿Qué marca esa diferencia? Que el día que leo el libro me siento triste y el día que sufro la incisión profunda con el cuchillo estoy feliz, cocinando para mis amigos y disfrutando del momento.

Además de modular la respuesta al dolor, las endorfinas incrementan el deseo sexual y facilitan el orgasmo porque liberan la secreción de hormonas sexuales en la hipófisis. Favorecen la creación de vínculos en la pareja porque participan en todas las situaciones de bienestar: reír juntos, bailar, charlar, pasear, conseguir objetivos. Aumentan la respuesta inmunitaria, por lo que favorecen la capacidad de luchar contra infecciones y procesos oncológicos. Mejoran la memoria y la atención. Favorecen el sueño y regulan el apetito. Como ves, son sustancias muy ocupadas que se encargan de funciones importantes. No solo nos ayudan a aliviar los dolores, sino que participan en actividades que nos mejoran las relaciones, la salud, el estado de ánimo, las capacidades cognitivas... ¡Casi nada!

¿Podemos influir en la síntesis de endorfinas?

La respuesta es un sí rotundo. No es necesario esperar a sufrir un traumatismo para que se sinteticen de forma automática y disminuyan el dolor. Hay muchas situaciones cotidianas que facilitan su producción y comprobarás que son las mismas que aumentan además la síntesis de otros neurotransmisores muy ligados al bienestar:

Reír
Incluso aunque la risa sea forzada. Por eso la risoterapia tiene efecto beneficioso. El origen de la risa como terapia se remonta a los años setenta del siglo pasado. Norman Cousins,

un periodista estadounidense, comprobó que reír durante diez minutos aliviaba su intenso dolor al menos dos horas. Padecía espondilitis anquilosante, una enfermedad crónica de su columna vertebral de esas que los médicos consideramos de mal pronóstico y que nos hacen enviar al paciente a casa con medicación para el dolor y poco más. Él combinó el tratamiento convencional con películas de risa y, al comprobar su efecto beneficioso, plasmó sus vivencias en un libro, *Anatomía de una enfermedad.* Fundó el Centro Cousins de Psicoinmunología, donde se investiga sobre la interacción bidireccional entre cerebro y sistema inmunológico. Porque el estado de ánimo, las emociones y los pensamientos influyen de forma notable en el proceso de enfermar y sanar. Como Cousins afirmó: «La risa es ejercicio físico interno».

El médico precursor de la risoterapia es el doctor Hunter Doherty, más conocido como Patch Adams tras el estreno, en 1998, de la película de Robin Williams inspirada en su vida. Hunter se define como mezcla de médico y payaso. Fundó el hospital Gesundheit, que une a la medicina tradicional seis valores muy curativos: diversión, felicidad, cooperación, consideración, creatividad y, por supuesto, amor. Una de sus frases más representativas es: «Soy el loco que cree que la risa lo cura todo».

Concluir tareas pendientes
Todos hemos experimentado ese bienestar tras terminar de ordenar la ropa, colocar los estantes de la cocina, reparar el tejado o pasar la revisión del coche. Los trabajos pendientes e inconclusos suelen ser «deberías» que actúan a modo de semáforo en rojo minando nuestra energía sin que nos demos cuenta.

Avanzar hacia una meta

Dirigirnos con determinación hacia un objetivo genera dopamina y endorfinas que disminuyen nuestro cansancio y nos animan a seguir. Angela Lee Duckwort afirma en su libro *El poder de la pasión y la perseverancia* que el éxito no depende de la inteligencia ni de la suerte. Para esta psicóloga, los ingredientes básicos que nos ayudan a triunfar en la vida son tres: la pasión, la perseverancia y la capacidad de levantarnos tras una caída. Triunfamos cuando nos dedicamos en cuerpo y alma a objetivos que nos hacen felices y nos apasionan.

Ejercicio físico

Los corredores que participan en una maratón describen una sensación de euforia que les permite continuar a pesar de estar agotados. Este efecto se debe a las endorfinas.[5]

Los beneficios sobre el estado de ánimo se dan con tan solo una breve sesión de ejercicio físico, tanto en personas activas como no activas, así que nunca es tarde para comenzar a sentirnos bien.[6]

Casi todos los médicos estamos de acuerdo en que el ejercicio más recomendable, más completo y más asequible para todos es caminar una hora al día. Se pueden ir sumando pequeñas caminatas de diez o quince minutos hasta completar el objetivo diario. Si eres de los que hasta hoy ha necesitado el coche incluso para ir a comprar el pan a la tienda de al lado, comienza por breves paseos de diez minutos al día, a tu ritmo, y ve incrementado los minutos poco a poco. No solo conseguirás mantener a raya esos kilos de más, sino que te sentirás mucho más feliz.

—Pues yo llevo caminando por lo menos tres semanas todas las mañanas y no he conseguido adelgazar ni medio kilo.

—Tienes razón, Elvira, los kilos desaparecen tras combinar dieta adecuada y caminatas de una hora al día durante al menos ocho o nueve meses. Pero ¿no te sentiste mejor incluso tras el primer paseo?

—Sí, eso sí. Llego a casa como nueva detrás de cada caminata. Sigo gordita, pero ahora soy una gordita más feliz.

Relajación

En situaciones de estrés, todos los dolores aumentan: los dolores físicos y los emocionales.[7] Hablaremos en profundidad en el capítulo 5.

Meditación

Es una forma estupenda de conseguir disminuir el dolor, tanto físico como emocional. Lo veremos a fondo en el capítulo 9.

Sueño reparador

En este caso, el reto es conseguir conciliar el sueño en mitad de un proceso doloroso. Por eso, lo recomendable es dormir bien todos los días, para que las situaciones de dolor nos pillen con las pilas cargadas de endorfinas y seamos capaces de afrontarlas mejor. Para facilitar un sueño reparador, lo más apropiado es «desnudarse»: quitarnos la ropa que hemos llevado durante el día y, sobre todo, deshacer los nudos mentales que hemos ido acumulando a lo largo de la jornada. Sobra decir que el móvil, la televisión o los videojuegos son también auténticos nudos.

Recibir caricias, besos, abrazos

Como diría la psicóloga Ciara Molina, es necesario tomar vitaminas A, B y C (abrazos, besos y caricias). Lo explica muy bien en su libro *Emociones expresadas, emociones superadas*. Me gustó comprobar que ella también receta estas vitaminas a sus pacientes.

Un abrazo produce no solo endorfinas, sino oxitocina, serotonina y dopamina. ¿Qué significa esto? Que se ponen en marcha todos los neurotransmisores relacionados directamente con el bienestar. Siempre les digo a los padres que, si quieren tener hijos inteligentes, los abracen mucho, porque ese gesto aumenta las conexiones neuronales y, si se trata de bebés, los masajes suaves antes de dormir les proporcionan un sueño reparador.[8] Además, los abrazos mejoran el sistema inmunitario, reducen el estrés y la ansiedad, elevan la autoestima, disminuyen la presión arterial y, sobre todo, nos hacen sentir armonía y plenitud de forma instantánea en el mismo momento en el que los recibimos.[9]

He comprobado repetidas veces cómo mejora el paciente cuando le doy un abrazo en la consulta. En ese mismo instante, el dolor disminuye. Y disminuyen además la preocupación, la incertidumbre, la ansiedad y el miedo. Los abrazos son curativos en sí mismos. Yo creo que no es posible vivir sin abrazos.

Paseos por la naturaleza

Si uno mejora el ánimo caminando, aunque sea por una gran avenida, imagina ese paseo en mitad de un bosque o a la orilla del mar. Este tipo de paseos disminuyen los dolores y aumentan el bienestar físico y mental.[10]

Por eso, hacer deporte al aire libre nos libera mucho mejor del estrés que hacer el mismo deporte en casa. Claro que no es lo mismo correr calle arriba para evitar perder el autobús, en este caso se sintetizan las hormonas del estrés.

Se ha comprobado que las personas que viven en entornos rurales suelen tener menos pensamientos de rumiación, es decir, se comen menos el coco y viven más felices porque el contacto con espacios verdes eleva su nivel de endorfinas.[11]

Relaciones sexuales

Generan bienestar y placer. Como diría Lope de Vega: «Quien lo probó, lo sabe». No hay ninguna duda de que una vida sexual activa y plena produce efectos beneficiosos en la salud física y mental.[12]

Baile

Tal como comprobé en mis años de colegio, bailar es un estupendo antídoto para los dolores. La música es ya en sí misma una medicina muy eficaz.[13] Si además nos movemos al son de nuestra melodía preferida y con nuestra persona amada, la magia está asegurada.

En realidad, participar en cualquier actividad que nos gusta libera endorfinas en nuestro organismo. Como podemos comprobar, lo tenemos fácil. Solo tenemos que buscar un breve espacio a lo largo del día para practicar nuestras aficiones favoritas.

> La vida se va de cualquier forma, así que no dejes pasar la oportunidad: sueña, abraza, perdona y ama.
>
> FAIRD DIECK

¿Hay endorfinas en los alimentos?

Efectivamente, muchos alimentos contienen endorfinas. En este caso, se trata de endorfinas adquiridas, es decir, que no se sintetizan en nuestro cuerpo, pero también actúan sobre los mismos receptores.

Podríamos diferenciar dos grupos de alimentos:

1. Alimentos recomendables: ricos en capsaicina (se encuentra en pimientos, chiles, pimentón, jengibre...). Sojamorfinas (soja), rubisculina (espinacas), chocolate (¡ojo! Negro y sin azúcar), frutos ricos en vitamina A y C, y pescados ricos en omega.
2. Alimentos poco recomendables: ricos en gluten (gluteomorfinas) y preparados lácteos (casomorfinas), que pueden ser adictivos y acabar causando dependencia. Por eso resulta en ocasiones tan difícil prescindir del pan, los pasteles, la nata, los helados, las cremas... Incluso hay evidencias que relacionan el hecho de no consumir estos péptidos con la mejoría de procesos como el autismo o la esquizofrenia.

Elevar el nivel de endorfinas es sencillo y barato. La próxima vez que sientas un dolor, ya sea en alguna parte del cuerpo o en el alma, echa mano de tu farmacia interna. Comprueba los efectos calmantes de tu propio organismo y permítele ayudarte con la síntesis de hormonas reparadoras. ¿Cómo? Realizando cualquier actividad que te guste: pasea por la orilla del mar, contempla una puesta de sol, acaricia a tu mascota, regálate un masaje, baila, charla un rato con tu mejor amigo, canta, pégate una ducha de agua caliente, pinta... No importa tanto qué actividad elijas como cuánto disfrutas mientras la practicas.

—Ya, doctora, a mí me gustaría bailar, que es mi afición favorita, pero resulta que estoy con muletas porque me operé un pie. Me duele mucho y no puedo moverme.

—Cierra los ojos unos segundos, respira profundo e imagina que estás bailando al compás de tu música preferida. Y ya puestos a elegir, baila con tu pareja ideal.

¡Ahora mismo! No esperes a sentir dolor para probar. Cierra un momento el libro y, sin necesidad de moverte, imagina una escena realmente placentera para ti. Un par de minutos son suficientes para elevar el nivel de endorfinas en sangre y sentirte mejor. Por algo se conocen como hormonas del placer y el bienestar.

Por prescripción facultativa:

Te propongo reservar unos minutos cada día para elevar tus niveles de endorfinas practicando alguna afición que te guste. Es tan sencillo como tararear una canción de nuestra infancia mientras esperamos que el semáforo cambie a verde. Los días de mucha tensión aumenta la dosis.

Recuerdo una conversación con Tomás, un simpático caballero de setenta y tres años que solía consultarme a menudo por un dolor crónico en el hombro. Para ayudarle en su mejoría, le hablé de endorfinas:

—He comprendido bien, doctora, pero le pido, por favor, si puedo volver mañana mismo a la consulta acompañado por mi esposa.

—¿Volver a la consulta?

—¡Sí sí! Para que mi esposa escuche de su voz que tengo que practicar mi actividad favorita. Si no se lo explica usted, no me va a creer cuando le diga que tenemos que mantener relaciones sexuales todos los días por recomendación médica si quiero que mi hombro mejore.

Para entender un poco más sobre dolor emocional, te recomiendo el libro de mi amiga María Jesús Álava Reyes, una excelente psicóloga y comunicadora: *La inutilidad del sufrimiento*.

Si quieres profundizar en el tema de los abrazos, te recomiendo un libro de Lia Barbery, la psicoterapeuta creadora de la terapia del abrazo: *Abrazoterapia: El lenguaje de los abrazos*.

> **He decidido hacer lo que me gusta porque es bueno para la salud.**
>
> VOLTAIRE

4
HUMILDAD

Donde hay humildad, habrá sabiduría.

SALOMÓN

Cuando comencé por fin a estudiar medicina, me sentí tan feliz que casi hubiera podido caminar sin apoyar los pies en el suelo. La facultad, con los muros de piedra repletos de vítores de color granate pintados en todas las paredes, se me antojó casi una catedral. Realmente nos encontrábamos en un edificio majestuoso. «Algún día estará mi nombre por ahí puesto en un vítor», me decía cada vez que atravesaba el porche. ¡Más de mil alumnos llenando el anfiteatro! Aquel nuevo escenario me resultaba grandioso. Yo había pasado mi vida estudiantil compartiendo pupitre en una clase de no más de treinta niñas. ¡Aquello pintaba bien!

No paraba de tomar apuntes que subrayaba en varios colores y madrugaba para ser la primera en llegar a las prácticas de anatomía. Recordaba que la eminencia pontina la había aprendido por mi cuenta en un libro que conseguí en el Rastro cuando tenía nueve años. Todo parecía fácil. Las primeras semanas entrando y saliendo del aula magna sirvieron sobre todo para hinchar mi ego. Cada palabra un poco difícil de pronunciar servía de nuevo mérito para sentirme cada vez más importante. A todas horas buscaba la ocasión de citar vocablos como «esternocleidomastoideo», «isotiocianato de guanidina», «fosfoglucosa isomerasa» y otras tantas lindezas. Lo complicado era encontrar alguna conversación cotidiana donde pudieran utilizarse esas palabrejas en una frase cualquiera. Cada concepto médico o palabra de nueva adquisición servían para hipertrofiar mi autoestima hasta casi llegar a mirar a todos los demás por encima del hombro. Lo bueno es que cuando es necesario que aprendas alguna lección importante, la vida te enseña más allá de lo que puedas aprender en la universidad. Estaba claro que yo necesitaba una dosis de humildad, y en un breve espacio de tiempo la vida me otorgó estupendas oportunidades para aprender. Suficientes como para que se me bajaran los humos de un plumazo.

Una tarde, a finales de marzo, el sol calentaba lo justo como para que tomar un café a primera hora de la tarde en una terraza al aire libre resultara agradable. En realidad, nos dirigíamos a unas prácticas de biología, pero los cinco estudiantes decidimos sin dudarlo hacer un alto en el trayecto. Mientras estábamos charlando alrededor de una mesa, una mujer se paró a saludar a una de las compañeras. Vestía una chaqueta de cuadros en tonos marrón que desentonaba mucho con los colores azulados de su falda y completaba el atuendo con un pañuelo gris anudado al cuello que tampoco encontraba hueco en aquella estrafalaria vestimenta.

—¿Cómo estás, Isabelita? ¿Y tu mamá? Hace mucho tiempo que no la veo.

—Estamos todos bien, Amelia.

—Y tu hermano, ¿acabó ya la carrera?

Tras unas cuantas frases a modo de saludo, la mujer se sentó a tomar algo con nosotros. Colocó su silla junto a la mía y pidió un café cortado. Le calculé unos cincuenta años y la etiqueté como ama de casa ya mayor, poco elegante y casi seguro sin formación académica alguna. Eso quería decir que no formaba parte de este grupo selecto de superestudiantes.

Amelia me sonrió mientras daba vueltas con la cucharilla a su café. Le devolví la sonrisa en forma de cumplido, pero sin dejar de sentirme superior y un tanto fastidiada.

—¿Qué tal la facultad?

Con la pregunta abrió la caja de Pandora. Me esforcé en buscar un tema especialmente complicado y me explayé en explicaciones innecesarias.

—Pues justo ahora estamos con la ecuación de Schrödinger, que describe la evolución temporal de una partícula subatómica masiva de naturaleza ondulatoria y no relativista. Los números cuánticos son cuatro y nos sirven para describir el lugar de los electrones en la vecindad del núcleo...

Fui uniendo una definición tras otras durante unos cuantos minutos en los que no paré ni para tomar aliento. Ella escuchaba con atención y asentía con la cabeza sin cesar de sonreír.

—La región en la que hay más de un 90 por ciento de probabilidad de hallar el electrón es lo que conocemos como «orbital atómico»... Pero, claro, si usted no está familiarizada con estos términos, no va a poder entender mucho —sentencié sin pestañear.

Continuó sonriendo incluso a pesar de mis comentarios. Yo había conseguido sentirme importantísima escuchando mi propia disertación. Podía adivinar cierta admiración en la mirada de los compañeros. Incluso Amelia parecía escucharme complacida ante erudita exposición.

Una lástima que tuviéramos que abandonar la terraza para marcharnos al laboratorio. A mí me quedaba ecuación de onda para rato.

Justo al despedirnos, Amelia me deseó toda suerte de éxitos profesionales. Extendió su mano amablemente para estrechar la mía. Se marchó tras haber pagado todos nuestros cafés y su silueta desapareció detrás de los arcos de piedra de la plaza.

—Isabel, ¿esa señora es amiga de tu madre?

—Sí, son amigas desde hace tiempo. Fueron juntas al colegio. Después creo que estuvo estudiando en Inglaterra. Es catedrática de física nuclear.

¡Ay Dios! Catedrática... Y yo sin parar de querer impresionarla. ¡Y de física nuclear! Cualquiera de las ecuaciones que a mí se me antojaban tan complicadas suponían para ella un chiste. Quise meter mi cabeza debajo de una manta y desaparecer. ¿Cómo era posible que ella no hubiera dicho nada? ¿Cómo consiguió aguantar mi cansino discurso salpicado de superioridad sin mandarme callar? No entendía cómo había podido sonreírme de forma franca y mantener esa actitud tan abierta y sencilla. Su atuendo dejó de parecerme antiestético y sus canas se me antojaron elegantísimas. Mis aires de grandeza se esfumaron de un plumazo.

Enseguida aprendí de mi error. Se acabaron de golpe todas las tonterías. Como por arte de magia, mi ego recuperó su tamaño habitual. Se borraron las palabras arrogantes. En un instante, elegí la humildad. Nunca más me he sentido superior a nadie. Y menos si la vida le ha brindado menos posibilidades que a mí. Cuando me cruzo en el camino con algún ego hipertrofiado, procuro sonreír con la misma comprensión con la que sonreía la catedrática. Tal como aprendí con Amelia, no debemos dar ninguna importancia a las exhibiciones narcisistas.

A pesar de que seguía estudiando con entusiasmo, echaba en falta una visión más humanista de la medicina. Iba asimilando conceptos puramente científicos, pero nadie me hablaba de la conexión entre el cuerpo, la mente, los pensamientos, las emociones, los sentimientos y, mucho menos aún, de la vertiente espiritual del ser humano.

Llegó el esperado día de ponerme la bata y comenzar a ejercer. La combinación bata blanca y fonendoscopio al cuello tiene un poder increíble. En cuanto un facultativo con su bata y su fonendo le dice a alguien: «¡Desnúdese!», el aludido se desprende de su ropa sin rechistar. Y ya sin traje y sin protección alguna, mejor obedecer sin hacer preguntas. El médico pide abrir la boca, arrugar la frente, elevar los hombros o incluso hacer equilibrios sobre un pie y tocarse la nariz con el dedo índice de la mano izquierda. El paciente obedece sin dudarlo. Lo que afirma un facultativo con contundencia no tiene discusión alguna. Por eso tienen tanta fuerza frases como:

«¡Vaya! Tiene usted el colesterol tan alto que si no se cuida va a sufrir un infarto sin tardar mucho».

«Padece usted un proceso inflamatorio crónico, va a tener que tomar tres pastillas de estas al día. Eso sí, el tratamiento es de por vida».

«Esta radiografía no me gusta nada, voy a hacerle un volante urgente para medicina interna».

«Esa sordera suya va a ir aumentando cada día. No hay cura».

«Si no controla su diabetes, estará obstruyendo las arterias y acabará ciego».

Y así, sin darnos cuenta, en muchas ocasiones los médicos colaboramos en agravar los procesos. De esta forma, nos vamos programando para la enfermedad casi sin darnos cuenta, sin percatarnos de que la salud se encuentra justamente en el camino opuesto al que nos dirigimos. Por eso, cada día nos levantamos con alguna molestia añadida en el estómago o comprobamos, tal como temíamos, que perdemos el pelo a una velocidad increíble. Ese dolor en la rodilla seguro que es algo malo... «Doctor, y ¿no podría hacerme un chequeo completo a ver si me encuentra algo?».

Aldous Huxley ya decía que «la medicina ha avanzado tanto que ya nadie está sano», ¡y lo afirmó hace casi cien años!

En mitad de ese constante miedo a padecer alguna enfermedad grave, lo que menos ayuda a romper el círculo es que el médico, con su impecable bata blanca, con cara seria y voz tajante, suelte alguna frase lapidaria en una jerga que el paciente no entiende en absoluto. Así, muchos pacientes abandonan la consulta mucho más desanimados de lo que entraron y, la mayoría de las veces, con un par de recetas nuevas. Con el azoramiento, ni siquiera han comprendido muy bien cómo tomar las píldoras. Pero no se atreven a preguntar porque el médico está siempre muy ocupado y ha mirado el reloj ya dos veces mientras él intentaba contarle el motivo de su visita.

A todos los médicos internos que pasan por urgencias en su período de residencia les hago siempre la misma pregunta:

—¿Cuál crees que es el dato más importante del paciente?

He escuchado múltiples y variadas respuesta a lo largo de estos años:

—¿La edad?

—¿Los antecedentes personales?

—¿El peso para calcular la dosis?

—¿Si tiene alergia a algún fármaco?

—¿Si está operado de algo?

—¿Qué medicamentos está tomando?

—¿Qué le ocurre?

—¿Desde cuándo le duele?

Nunca me canso de repetir que el dato más importante de un paciente es su nombre. A todos, sin excepción, nos agrada que nos llamen por nuestro nombre. Nuestro nombre tiene un efecto especial en los oídos. Incluso cuando estamos sanos. Este dato lo conocen muy bien los expertos en ventas y, por supuesto, lo practican con éxito. En una consulta médica, llamar al paciente por su nombre es asegurarnos de que la relación médico-paciente sea todo un éxito. He comprobado que incluso los pacientes en coma, que suelen permanecer sin variaciones a estímulos de cualquier otro tipo, presentan una respuesta en el encefalograma cuando escuchan su nombre.

Para un paciente que consulta con temor, el binomio nombre/sonrisa es capaz de disolver toda la incertidumbre. Explica mejor sus síntomas, colabora en la exploración y, por supuesto, se implica por completo en cumplir el tratamiento. Si a esta fórmula añadimos una pequeña dosis de humildad por parte del médico, se acorta la distancia hacia la curación.

> Ser, de verdad, un gran médico es el amor invariable al que sufre y la generosidad en la prestación de la ciencia, con la idea clavada en el corazón de que trabajamos con medios imperfectos, pero con la conciencia cierta de que hasta donde no puede llegar el saber, llega siempre el amor.
>
> DOCTOR GREGORIO MARAÑÓN

Hablar al paciente con palabras que entienda

Recuerdo una mañana de prácticas en la consulta externa de endocrinología. Pasar consulta con el mismísimo jefe de servicio me pareció una suerte porque, desde mi ignorancia, yo lo imaginaba sabio. No fue así. Me decepcionó su actitud en cuanto entró el primero de la lista y toda la admiración que le profesaba se desvaneció. Ni siquiera levantó los ojos de los informes para hablar con los pacientes que fueron pasando uno a uno, más rápido de lo que a mi entender merecían, a lo largo de la mañana. Ya casi a última hora, entró en la consulta una pareja de ancianos. Él la llevaba a ella de la mano con mimo. Tardaron más de lo que se consideraba normal en traspasar el umbral de la puerta y llegar hasta la silla.

—Buenos días —dijo el anciano mientras se retiraba el sombrero de la cabeza con la mano que le quedaba libre.

Mi profesor se estaba incomodando por la lentitud con la que el matrimonio llegaba por fin hasta la mesa y no paraba de hacer sonar el bolígrafo sobre la carpeta que portaba la historia clínica de la abuela. Ni siquiera les invitó a que tomaran asiento. Enseguida les dijo que el único tratamiento posible para ella era una intervención quirúrgica. Creo recordar que la anciana presentaba un nódulo tiroideo, un pequeño bulto en la glándula tiroides a nivel del cuello, de buen pronóstico y fácil tratamiento con una cirugía simple. No estoy muy segura de recordar el diagnóstico exacto, lo que sí rememoro con nitidez es la cara de angustia de ambos.

—Doctor, pero ¿es grave? —preguntó el marido agarrando con más fuerza la mano de su esposa.

—*Peccata minuta* comparado con la cardiopatía valvular que viene padeciendo, y nada que ver con el pronóstico tan poco favorable de su insuficiencia renal —dijo mientras rellenaba una orden de petición—. Vayan con este volante al mostrador de cirugía. Soliciten una cita. Les llamarán cuando llegue el momento del preoperatorio —indicó dando por terminada aquella cita.

La pareja abandonó la consulta. Él con gesto de confusión y ella con cara de miedo.

—Que pase el siguiente —dijo el catedrático mientras cerraba la historia clínica de la anciana.

Al contemplar aquella escena, me sentí realmente compungida. ¿No habría que explicar algo más? No me atreví a abrir la boca por miedo a represalias. Era simplemente una estudiante de cuarto de carrera y mi opinión podía acarrear una mala nota en el examen final. El siguiente paciente esperaba el resultado de sus análisis. Yo no paraba de pensar en los ancianos y en las lágrimas que empañaban las pupilas de la abuela al abandonar la consulta. Salí de puntillas sin decir nada y alcancé a la pareja a mitad del pasillo. Parecían caminar aún más lento de lo que lo hacían antes de saber lo de la operación. Me acerqué a ellos para explicarles el diagnóstico y aclararles cualquier duda y, sobre todo, queriendo tranquilizarles. Efectivamente, se marcharon menos preocupados y aceptaron la intervención sin problemas. Eso sí, con una condición: «Mi esposa se opera, pero solo si la opera usted». La preocupada en aquel momento era yo. A pesar de que les aclaré que solo era estudiante, ellos estaban dispuestos a esperar el tiempo necesario. «Nosotros esperamos lo que haga falta, pero mi mujer se opera con usted o no se opera».

Fue una de las mejores lecciones que aprendí: los diagnósticos diferenciales y los valores fisiológicos los podía consultar en un manual, pero la mirada agradecida de aquel matrimonio dispuesto a esperar a que yo terminase la carrera y además me especializara en cirugía... Esa lección no viene en ningún libro. Se despidieron dándome un abrazo repleto de gratitud. Regresé rápido a la consulta, no quería que el jefe de servicio pudiera sospechar dónde estaba yo. Me giré justo antes de entrar y hasta me pareció que ellos caminaban más firmes y más seguros.

> **La ciencia moderna aún no ha producido un medicamento tranquilizador tan eficaz como lo son unas pocas palabras bondadosas.**
>
> SIGMUND FREUD

Hablemos de humildad

Etimológicamente, la palabra «humildad» proviene del latín: *humilitas* (*humus*, que significa «tierra», y el sufijo -itas, que indica «cualidad de ser»).

Si consultamos en el diccionario de la Real Academia Española, encontraremos tres acepciones:

1. *f. Virtud que consiste en el conocimiento de las propias limitaciones y debilidades y en obrar de acuerdo con este conocimiento.*
2. *f. Bajeza de nacimiento o de otra cualquier especie.*
3. *f. Sumisión, rendimiento.*

Por alguna extraña razón, nuestra cultura se ha olvidado del primer significado. Directamente otorgamos al término un tinte despectivo de bajeza o sumisión. Por eso entendemos que ser humilde es sentirse inferior al otro. ¡Nada más lejos! Precisamente, cuando aceptamos y reconocemos nuestras debilidades, aumenta nuestra autoestima y mejoramos la relación con nosotros mismos y con los demás.

En esta ocasión, voy a referirme a la humildad como virtud necesaria para el crecimiento mental y emocional y, por supuesto, imprescindible como herramienta en el maletín personal de un médico. Reconozco que no hay muchos trabajos de investigación que relacionen la humildad con la salud. Destaco dos publicaciones que han llegado a los mismos resultados: la humildad del médico mejora la comunicación con el paciente y además mejora la salud, tanto del médico como del paciente. En esta época de alta presión asistencial y tasas elevadas de médicos con síndrome de *burnout* (profesionales emocionalmente quemados), la humildad actúa de factor protector contra el estrés laboral.[14]

Fuera de la consulta médica, la humildad favorece la vida cotidiana porque:

- Mejora la salud emocional: nos ayuda a ser más asertivos.
- Mejora el liderazgo: facilita la comunicación interpersonal y la comprensión.
- Contribuye a mantener la salud física y mental: disminuye notablemente la ansiedad y el estrés, pues no necesito estar controlando todo.
- Favorece el aprendizaje a cualquier edad.
- Disminuye la necesidad enfermiza de buscar constantemente el perfeccionismo en todas las facetas de la vida.

Como dice mi admirado colega, el doctor Mario Alonso Puig: «La humildad es uno de los valores que nos llevan donde merece la pena estar».

Por prescripción facultativa:

Te propongo una forma eficaz de ejercer la memoria y además conseguir que las personas que se relacionan contigo se sientan bien: comienza a recordar sus nombres. Si también eres capaz de recordar sus gustos, sus aficiones, sus temas de interés y escuchas con atención, todos querrán estar cerca de ti.

—Doctora, y para la humildad propiamente dicha, ¿no va a recetarme algo más concreto?

1. Pedir disculpas.
2. Olvidarte de querer tener razón a todas horas.
3. Agradecer (la gratitud es tan importante para sentirnos sanos y felices que merece un capítulo aparte).

> Creo que vivir con humildad y servir con humildad es una de las cosas más importantes que pueden hacer los seres humanos.
>
> DOCTORA JONNY KIM

5

SERENIDAD

La visualización es soñar despierto con un propósito.

Bo Bennett

Antes de trabajar en urgencias, comencé pasando consulta en un pequeño pueblo aislado entre montañas. Solicitar desde allí una radiografía o cualquier otra prueba complementaria implicaba someter al paciente a transitar durante más de dos horas por una carretera sin asfaltar repleta de polvareda y baches. Allí la mayoría de los diagnósticos se hacían tras una meticulosa exploración y, sobre todo, escuchando con mucha atención al paciente.

Eulogio tenía setenta y seis años y sufría un tumor de páncreas. Acababa de ser dado de alta en una clínica privada de Madrid con el propósito de morir en su casa bajo la supervisión de su familia. Los cuidados paliativos en aquella época consistían en que el médico pasaba a visitarlo al final de la consulta y permanecía charlando con él un ratito. Vivía con una hija que le había obligado a permanecer recluido en su dormitorio desde su vuelta del hospital. El resto de la familia se había desplazado al pueblo desde diversas ciudades. Muy previsores todos, habían incluso encargado preparar una fosa en el cementerio para cuando llegara el desenlace. Yo charlaba con Eulogio cada día a última hora de la tarde. Había una serenidad especial en la mirada de aquel anciano. No adiviné el motivo de aquella calma reflejada en su semblante hasta que aprendí de la mano de Elisabeth Kübler-Ross, la psiquiatra que más y mejor trabajó con enfermos terminales, el significado de la palabra «aceptar».

Con el paso de los años, he visto esa misma expresión en todos los rostros de los pacientes que después de haber atravesado sentimientos de negación, rabia, miedo y dolor al enfrentarse a un diagnóstico, llegan finalmente a una etapa de aceptación. En esta fase, dejan de luchar contra la enfermedad y utilizan el proceso como trampolín para comenzar a saborear lo mejor de cada instante. Cuando se abraza la incertidumbre con confianza en vez de miedo, la paz interior surge por sí misma.

—¿Cómo se siente hoy, Eulogio?

—Me encuentro bien, doctora. Creo que podría incluso levantarme. Que no digo yo ir al huerto, pero sí levantarme a la chimenea.

—Y ¿por qué no se levanta?

—Porque mi Amparo me tiene dicho que no me puedo mover de aquí, que estoy muy malo.

Cuando doña Amparo aseguraba algo con firmeza era difícil contradecirla, así que mucho mejor acatar la orden sin pestañear siquiera.

—Y ¿qué hace aquí durante todo el día, Eulogio?

—¿Ve aquel cuadro de allí?

—No veo ningún cuadro.

—Bueno, aquel blanco de la pared de ahí enfrente.

La pared estaba amarillenta y pedía a voces una mano de pintura. Justo en la mitad, resaltaba un recuadro más claro con un pequeño boquete, evidencia de que en algún momento había sujetado algún cuadro.

—Eso sí lo veo.

—Pues yo tengo ese cuadro preparado ya para colgar la foto de la comunión de mi nieto.

—¿Qué comunión?

—La de mi nieto Jorge.

«¡Ay, madre!», pensé. Su nieto era aún un bebé. Efectivamente, Amparo tenía razón y su padre estaba mal. Por un instante, sospeché que pudiera tratarse de alguna metástasis cerebral que comenzara a dar síntomas cognitivos. Él debió de adivinar mi temor y enseguida completó la frase.

—Mi nieto tiene solo nueve meses, pero yo ya lo estoy viendo ahí mismo con su traje de marinero. Y es que ese traje se lo voy a comprar yo, que para eso es mi único nieto, que las nietas son todas ya mayores. Con decirle, doctora, que me paso las horas contemplando el retrato de mi nieto. Ya, ya sé que no hay foto, pero como si la hubiera. No sé cómo explicarle para que usted me entienda. Cada vez que miro la pared, me encuentro al chiquillo con una chaqueta azul marino. Si hasta parece que me sonríe. Y yo, como embobado, sonrío también y a veces hasta le hablo. Le digo que su abuelo le va a enseñar a montar a caballo y a distinguir el canto de todos los pájaros silvestres.

En cada visita, me contaba lo guapo que veía a su nieto en su fotografía de marinero. Varias semanas después, su hija acudió a la consulta:

—En Madrid nos dijeron que era cuestión como mucho de quince días y mi padre todavía no se ha muerto. Mis hermanos se tuvieron que marchar a sus casas. Mi padre sigue en la cama, pero ¿qué hago? ¿Llamo a la clínica a ver qué me aconsejan?

—Llame usted, Amparo.

Y Eulogio de nuevo a la ambulancia, camino de Madrid. Nadie daba crédito. Le practicaron todo tipo de pruebas y compararon el TAC reciente con el que habían realizado antes del alta. ¡No había tumor! En su historia escribieron con un lápiz azul de trazos gruesos: «curación milagrosa» y lo devolvieron al pueblo, ante la sorpresa y la incredulidad de sus hijos. En esta ocasión, en vez de cavar una fosa, vinieron todos a casa de Amparo para festejar el acontecimiento. Barbacoa, tamboril, rosquillas, aguardiente y cervezas hasta muy entrada la madrugada.

Siete años más tarde, tuve que firmar el certificado de defunción de Eulogio. Se marchó justo unos días después de la comunión de su nieto. Eso sí, allí estaba la fotografía del niño vestido de marinero con charreteras doradas, en el mismo lugar donde su abuelo entretenía el tiempo imaginándolo.

> **Medita, visualiza y crea tu propia realidad y el universo simplemente se reflejará en ti.**
>
> AMIT RAY

¿En qué consiste la visualización y por qué funciona?

Tuve la suerte de conocer personalmente a José Silva, el fundador de Silva Mind Control y lo que en 1980 se llamaba «Método Silva de Control Mental». Creo que fue una de las personas que mejor entendió la capacidad creadora del cerebro y el poder transformador de la visualización. Le escuché decir en más de una ocasión que hay dos factores que añaden poder a las palabras que utilizamos: nuestro nivel mental y el grado de participación emocional en lo que decimos.

Pero ¿qué es visualizar? Es crear mentalmente, como si de una película se tratara, un guion de hechos y circunstancias. Como quien hace planes para las próximas vacaciones y se imagina surfeando sobre las olas, sintiendo ya el frescor de la brisa en su frente, contemplando la espuma de color naranja al atardecer y escuchando el murmullo del mar.

Alrededor de los cuatro años de edad comenzamos a desarrollar la capacidad de recordar hechos del pasado e imaginar posibles escenarios futuros. Se activan las mismas regiones del cerebro al recordar el pasado que al imaginar el futuro, sobre todo el hipocampo y la amígdala cerebral. Y lo más sorprendente es que un hecho imaginado con intensidad o de forma repetida produce las mismas marcas en el cerebro que un hecho real.[15]

Te invito a cerrar los ojos y a crear en tu mente un episodio agradable. Si no te resulta fácil, recuerda un pasaje hermoso de tu vida sintiendo las mismas emociones que sentiste en el momento real. Comprobarás que, con solo evocar la escena, se dibuja una sonrisa en tu boca y comienzas, como por arte de magia, a sentir bienestar.

Es tal el poder transformador del ejercicio que, si te visualizaras a ti mismo ascendiendo a la cumbre de una montaña elevada, sintiendo el cansancio, los calambres musculares, la sensación de falta de aire... en unos segundos tu corazón aceleraría el ritmo y, efectivamente, tu cuerpo comenzaría a sufrir disnea. El cerebro toma al pie de la letra toda la información que llega en forma de pensamientos. Y reacciona del mismo modo sea esa información verdadera o falsa. Por eso hay que ser muy cuidadosos con nuestro diálogo interno. He conocido pacientes que a base de tanto repetirse: «este trabajo me está matando», han sufrido un infarto a primera hora de la mañana de un lunes.

La buena noticia es que al revés también funciona. He comprobado con muchos pacientes el poder curativo de los pensamientos y de la visualización creativa. Recuerdo con especial cariño a una paciente joven que padecía una leucemia grave. La enfermedad había acabado con todas sus células sanguíneas buenas. Estaba a la espera de su trasplante de médula, ingresada en una planta de aislamiento diseñada para proteger de las infecciones a este tipo de pacientes. Todos los días a primera hora se le realizaba, entre otras muchas pruebas, un análisis de sangre. Durante muchas semanas el recuento de leucocitos fue cero. La cifra adecuada es de cien mil, pero su tumor había acabado con todas las células blancas. Se sentía muy débil, aunque no había perdido la esperanza.

—¿Usted cree que me voy a morir, doctora? Me han dicho que lo mío es incurable.

Solo se me ocurrió responder a su pregunta con una frase que hace años escuché al doctor John Demartini en uno de sus talleres en Barcelona: «In-curable quiere decir que se cura desde dentro». La animé a visualizar su propio sistema inmunitario.

—¿Cómo imaginas que es tu sistema inmune?

—Yo pienso que es un castillo.

—Tu sistema es como un castillo donde no hay ninguna defensa. Cualquier enemigo puede llegar e invadir tu fortaleza, por eso tienes tanto riesgo de contraer una infección. ¿Qué necesitarías para evitar el ataque?

—Pues que haya un ejército muy grande de soldados en todas las almenas para que puedan defender mi castillo de todos los enemigos.

—¡Estupendo! Visualiza soldados. Cada soldado equivale a un glóbulo blanco.

Justo charlé con ella a última hora de la tarde. Me despedí y la dejé dispuesta a imaginar sin parar un número incontable de soldados. Su carita rezumaba dulzura y sus ojos, mucha serenidad. La misma paz que adiviné en Eulogio por primera vez y que me emociona encontrar en muchos pacientes que han aprendido a diferenciar entre dolor y sufrimiento.

Ni siquiera habían pasado veinticuatro horas cuando, a la mañana siguiente, Ana había conseguido, por primera vez, aumentar su cifra de leucocitos. La oncóloga encargada de su caso no podía creerlo y los hematólogos de la planta se hacían cruces. Repitieron el análisis por si se trataba de un error de laboratorio. Ella estaba encantada. «No les diré nada de mi castillo por si me ingresan en Psiquiatría», me dijo entre risas cuando me acerqué a verla de nuevo. Aún recuerdo su mirada cómplice y su alegría al comprobar cómo fue capaz de normalizar todos los valores de sus células sanguíneas.

¿Existen las curaciones milagrosas?

He podido comprobar este tipo de resultados asombrosos en repetidas ocasiones a lo largo de mi vida profesional. Siempre que el paciente se implica en su proceso curativo, su evolución hacia la mejoría es más rápida y favorable. Y resulta muy gratificante cuando se puede constatar con valores cuantificables en el laboratorio o comprobando *in situ* cómo mejoran las constantes vitales.

Durante algunos años, trabajé en emergencias. En este servicio hay que correr en el mismo instante en el que el equipo sanitario es movilizado desde la central receptora de avisos. ¿Qué diferencia hay entre una urgencia y una emergencia? En el segundo caso, la vida está en riesgo. Si llevas dos semanas con dolor de espalda porque hiciste un mal movimiento al cargar un bulto, no acudas a urgencias. Puedes esperar a que tu médico te ponga un tratamiento adecuado. Si te cortas en un brazo, la herida es profunda y sangras abundantemente, no esperes a consultar a tu médico, es recomendable ir a urgencias. Si sufres un proceso en el que tu vida corre peligro, un infarto, un accidente de tráfico grave, una caída desde gran altura..., llama directamente al 112. Generalmente, en caso de emergencia el afectado no es capaz de pedir ayuda. El auxilio debe pedirlo la persona que es testigo del percance. En emergencias, el protocolo es ABC, es decir, abrir la vía aérea (*airway*), comprobar si el paciente respira (*breathing*) y vigilar el latido de su corazón (*circulating*). Y una vez estabilizado el paciente, trasladarlo en la UVI móvil al hospital de referencia.

A pesar de que la situación de emergencias implica un estado de atención especial por parte del equipo y una intervención rápida y eficaz, incluso en situaciones así, es posible comprobar que, como diría Antoine de Saint-Exupéry, «lo esencial es invisible a los ojos».

Una tarde estival, ya casi al anochecer, el equipo del 112 recibió una llamada de la central: una mujer de setenta y un años había sufrido un ahogamiento en un pueblo a treinta kilómetros de la base. Estaba siendo atendida por el médico y el enfermero de guardia de la localidad y solicitaban nuestra presencia dada la gravedad de la paciente. Con el sonido penetrante de la alarma de la sirena y las luces de emergencia en marcha, nos dirigimos al lugar. A nuestra llegada, la víctima yacía sobre el suelo empedrado de la plaza. Se encontraba en parada cardiorrespiratoria. Los compañeros que prestaban los primeros auxilios estaban concentrados en presionar el pecho de la paciente de forma eficaz y administrar las primeras dosis de adrenalina. A pesar de los esfuerzos, la señora presentaba un sospechoso tinte azulado en los labios, que resaltaba sobremanera sobre la extrema palidez de su rostro. Las uñas estaban también azuladas. La situación era alarmante. Tras colocar un tubo a través de su laringe para poder facilitar la llegada de oxígeno de forma artificial a sus pulmones y estabilizarla de la mejor manera posible, fue introducida en la ambulancia para trasladarla cuanto antes al hospital. La plaza estaba repleta de vecinos que buscaban el fresco en pleno mes de julio. Un grupo de niños correteaban sin parar alrededor de una fuente de piedra, ajenos a la tragedia.

—Es la señá Joaquina. ¡Hagan algo, que se muere! Pa mí que está más pa llá que pa cá... —sentenció un anciano que observaba inmóvil la escena en mitad de nuestros maletines, las bombonas de oxígeno, el monitor, el ampulario y nuestras maniobras de resucitación.

—Desde la central nos han dicho que se trataba de un ahogamiento. ¿Cómo ha llegado hasta la plaza? —preguntó uno de los técnicos sanitarios mientras abría al máximo el caudalímetro de una bala de oxígeno.

—Efectivamente, ha caído en la fuente y se ha ahogado.

—¿En esta fuente de al lado?

—La misma.

—No cubre más allá de los tobillos. ¿Cómo ha sido posible?

—Cuando nosotros llegamos estaba dentro de la fuente en decúbito prono —explicó el compañero que había prestado la primera asistencia.

Resultaba cuanto menos extraño asimilar que hubiera podido ni siquiera tragar agua en un lugar tan minúsculo. Todo resultó más comprensible cuando el electrocardiograma mostró que en realidad había sufrido un infarto de miocardio. El percance cardiaco fue seguido de un síncope. Como estaba sentada en la fuente, perdió la conciencia y ya no pudo hacer nada salvo permanecer inmóvil hasta que pudieron sacarla del agua.

A pesar de haber conseguido mantenerla con vida, sus constantes vitales indicaban la gravedad del cuadro. Me preocupaba especialmente que sus cifras de oxígeno no remontaran. A mitad de camino al hospital, su saturación comenzó a bajar en picado. De nuevo a repasar el ABC para encontrar en qué parte se escondía el fallo. Aparentemente todo estaba en orden, todo salvo su estado, que amenazaba con sufrir una nueva parada. La enfermera repitió con voz angustiada las palabras del anciano: «¡Haz algo, que se muere!».

¿Qué más se podía hacer? Tras administrar el tratamiento trombolítico específico para el infarto, habíamos conseguido incluso que las alteraciones del electrocardiograma que indicaban isquemia se normalizaran. El corazón había conseguido su ritmo normal. Sin embargo, el agua de la fuente había encharcado sus pulmones y no había forma de conseguir que funcionaran ni siquiera con el respirador.

—¡Haz algo, que se muere!

Recordé que, en momentos de pérdida de conciencia, las ondas cerebrales cambian. En mi afán por evitar la muerte, no se me ocurrió otra cosa que dirigirme mentalmente al alma de la paciente mientras vigilaba el correcto funcionamiento de la vía aérea desde su cabecera.

«Joaquina, si has decidido marcharte finalmente, te vas con todo nuestro cuidado y nuestro cariño. Si quieres vivir, más vale que pongas todo el empeño por tu parte, te confieso que nosotros ya no podemos hacer más».

Tras mi mensaje, ni yo misma podía dar crédito a las cifras que se sucedieron con rapidez en el monitor. La saturación de oxígeno iba aumentando por segundos hasta conseguir marcar 98 por ciento (la cifra máxima es 100 por ciento). Joaquina llegó al hospital con una coloración rosada en su piel y todos los parámetros traduciendo sus ganas de vivir. Otra vez, grandes dosis de serenidad asomando por las pupilas de una paciente que había estado a punto de perder la vida. Nosotros regresamos a la base convencidos de que toda la tensión y el agotamiento habían merecido la pena. Contentos, pero sin encontrar explicación lógica para los momentos vividos con Joaquina en la ambulancia.

José Silva no era neurólogo, pero sí un gran estudioso del sistema nervioso y de las ondas cerebrales. Siempre comenzaba sus cursos explicando las diferencias entre ir por el mundo acelerado y parar quince minutos para disminuir la velocidad cerebral. Él lo llamaba «entrar en el Plano Básico Mental». ¿Plano Básico Mental? Un estado de relajación en el que el cerebro produce ondas cerebrales lentas desde donde es más sencillo conectar con nuestra creatividad, nuestra intuición y nuestra capacidad autocurativa. Recuerdo con nitidez las palabras de Silva: «Practicar una vez al día es bueno, dos veces es mejor y tres veces es excelente. Si tienes algún problema de salud, practica quince minutos tres veces al día y consulta con un médico».

Cincuenta años después, las explicaciones de Silva siguen estando vigentes. Y mucho antes que él, ya Marco Aurelio afirmó: «La calidad de tu vida depende de la calidad de tus pensamientos».

¿Qué son las ondas cerebrales?

Las neuronas se comunican entre sí a través de pequeños impulsos eléctricos que generan diferentes ritmos cerebrales. Se cree que cada ritmo actúa como si se tratara de un metrónomo, es decir, marcando un compás específico que se propaga por todo el cerebro al que se van acoplando el resto de las neuronas. Cuando se registra esta activación con un encefalograma, aparecen ondas que reflejan lo que ocurre en el sistema nervioso central en ese momento. Traducen cada uno de los estados mentales y su relación con los pensamientos, las emociones, el nivel de alerta, la relajación, el sueño... ¡Ojo! No existe un ritmo mejor que otro. Todas las ondas son necesarias para un correcto funcionamiento cerebral. El truco consiste en que la actividad eléctrica del conglomerado neuronal se produzca con equilibrio y armonía. En realidad, no existe un único ritmo, sino que los diferentes ritmos se superponen a lo largo de las diferentes estructuras y a varias velocidades.

Estas ondas se clasifican según la frecuencia, es decir su velocidad:

Ondas delta

Su frecuencia oscila entre 0,1 y 4 Hz. Implican desconexión de la conciencia y, por lo tanto, un cerebro en alerta no produce ondas delta. Estas ondas se conocen como ondas «puerta» porque son las que predominan en el nacimiento y la muerte. Se ha comprobado que son las ondas más numerosas en el feto y siguen prevaleciendo tras el parto durante el primer año. El cerebro busca la forma de mantener al recién nacido tranquilo ante la enorme cantidad de estímulos a los que se ve expuesto tras abandonar el útero y las ondas delta contribuyen a la tranquilidad.

Al margen de nuestro momento de nacer o morir, producimos ondas delta de forma natural con el sueño reparador profundo y con estados de meditación también profundos. Durante el sueño, para que aparezcan ondas delta es necesario alcanzar la fase en la que no soñamos, sino que estamos dormidos como un tronco. Durante esta fase, el tono muscular está especialmente relajado y nuestro cuerpo aprovecha el momento para la recuperación física y, sobre todo, el descanso psíquico, tan importante para tener una vida saludable. Si cuando dormimos no alcanzamos la fase de sueño profundo, no se producen ondas delta y, por este motivo, al despertar, a veces nos sentimos fatigados. Estas ondas van disminuyendo a medida que vamos cumpliendo años y escasean en la población anciana; debido a esto, en edades avanzadas de la vida hay más dificultad para conciliar el sueño y descansar de forma adecuada.

Las ondas delta estimulan los procesos curativos porque facilitan la recuperación del equilibrio interno, y por eso es fundamental el sueño reparador en todos los estados convalecientes.

Ayudan a regular cuerpo y mente porque coinciden con los procesos de regeneración del sistema nervioso central y se relacionan con actividades del sistema nervioso autónomo, como el ritmo cardiaco y la respiración. Se consideran en sí mismas un factor antiestresante.

Cuando se produce un nivel adecuado de este tipo de ondas, el organismo es capaz de mantener un sistema inmunitario fuerte, de conciliar el sueño de forma eficaz y, además, el cerebro tiene también una buena capacidad para el aprendizaje. Inciden en los procesos intuitivos porque ayudan a abrir la puerta del inconsciente. Si mi cerebro produce ondas delta, seguramente me volveré más abierto, empático y motivado. Incluso se ha comprobado que estas ondas son un factor protector contra las migrañas.[16]

¿Qué ocurre si un encefalograma registra un exceso de ondas delta durante el estado de vigilia? Puede indicar que el paciente sufre una lesión cerebral, que tiene problemas para el aprendizaje o incluso trastornos severos por déficit de atención. ¿Y qué puede estar pasando si se registran pocas ondas delta? Podría estar indicando problemas con el sueño, estrés y dificultad en la capacidad para regenerar cuerpo y mente.

Ondas theta

Su frecuencia oscila entre 4 y 8 Hz. Se generan con meditación, en estados de calma profunda y en momentos de ensoñación en los que desconectamos de la realidad con fantasías o recuerdos. Son las que aparecen cuando miramos dentro de nosotros mismos, también en la etapa de sueño REM (*Rapid Eye Movement*) o fase de Movimientos Oculares Rápidos, durante la que existe una actividad cerebral elevada, y en las fases de transición entre sueño y vigilia. Predominan también cuando la emoción que sentimos es muy fuerte y justo cuando finalizamos una actividad que nos ha exigido gran cantidad de energía.

Facilitan la intuición, la memoria y el aprendizaje. Por eso nuestras abuelas repetían eso de «lección dormida, lección aprendida». Cuando se producen de forma equilibrada, favorecen la intuición, los procesos creativos y una conexión adecuada con nuestras emociones.

¿Qué ocurre si se producen en exceso durante la vigilia? Podrían estar indicando procesos depresivos o déficit de atención. Se dan en esas personas que parecen estar ensimismadas a todas horas en su mundo y viven desconectadas de la realidad cotidiana. Recuerdo a un niño que acudió a consulta porque en el colegio sus compañeros le decían que estaba siempre en «Los mundos de Yupi». Cuando se le realizó un electrocardiograma para descartar que padeciera ausencias, su trazado mostró un registro muy elevado de ondas theta.

Y ¿qué significa el déficit de este tipo de ondas? Suele indicar ansiedad, etapas de especial estrés o dificultad para reconocer y gestionar las propias emociones.

Ondas alfa

Su frecuencia oscila entre 8 y 12 Hz. En el cerebro infantil son las ondas que predominan, por eso los niños tienen tanta imaginación y tanta capacidad para olvidarse del reloj. En el adulto, aparecen cuando se activan el hemisferio derecho y el sistema nervioso parasimpático con actividades que producen relajación. Es decir, si nos realizaran un electrocardiograma mientras estamos disfrutando con alguna actividad que nos gusta mucho, en esos momentos en los que nos olvidamos de todo lo demás, el trazado registraría sobre todo ondas alfa. Se producen también en los momentos previos a conciliar el sueño, cuando comenzamos a sentirnos relajados. Disminuyen de forma notable en los estados de estrés.

Proporcionan relajación, pensamientos tranquilos, optimismo y sensación de conexión entre cuerpo y mente. Favorecen la introspección, la tranquilidad y la creatividad. Nos ayudan a la coordinación mental, al aprendizaje y la calma. El cerebro se encuentra relajado pero conectado con la realidad, preparado para pasar a la acción si fuera necesario. Producen lo que se conoce como fenómeno *Post Reinforcement Synchronization*. ¿En qué consiste? Es la sensación de gratificación que sigue al terminar un trabajo bien hecho. Por eso nos sentimos tan a gusto tras ordenar un armario, terminar un informe o limpiar a fondo el trastero.

Un nivel equilibrado de ondas alfa nos ayuda a encontrar la solución más adecuada a los problemas cotidianos y a mantener un buen estado de salud físico y mental. Por eso es muy recomendable estimular su producción con momentos de desconexión, pasatiempos, meditación... Algunos sonidos presentan frecuencias que ayudan a activar este tipo de ondas. Si quieres aumentar la concentración y potenciar la memoria porque te encuentras preparando un examen, puedes ayudarte con música armoniosa, relajada y tranquila. Dentro de la música clásica, la barroca es la que con más facilidad genera ondas alfa. Las composiciones de Mozart ayudan especialmente a mejorar el rendimiento.

¿Qué ocurre en un cerebro que presenta un nivel elevado de ondas alfa? Que no puede concentrarse para realizar una tarea por encontrarse excesivamente relajado. ¿Qué indica un nivel bajo de ondas alfa? Justo lo contrario: nos informa de ansiedad, estrés y problemas de insomnio. Es el momento en el que el cuerpo nos comienza a enviar señales de que necesitamos apagar los teléfonos y poner el cartel de CERRADO POR VACACIONES. Al menos, cerrado por un rato, justo el que necesitamos para enfriar un poco los motores.

Ondas beta

Su frecuencia es de más de 13 Hz. Pueden oscilar entre 13 y 30 Hz dependiendo de la actividad cerebral:

- Beta 1: entre 13 y 15 Hz. Representa un cerebro en alerta.
- Beta 2: entre 16 y 22 Hz. Nos habla de un cerebro muy concentrado en una tarea.
- Beta 3: entre 23 y 30 Hz. Se ha desencadenado ansiedad. Ya no somos capaces de concentrarnos ni prestar atención.

Se generan durante la vigilia. Se relacionan directamente con las actividades cognitivas externas y predominan cuando el cuerpo entra en estado de alerta. Son útiles en las actividades mentales muy enfocadas o que requieren un considerable nivel de atención. Pueden ser el resultado de una gran dosis de emotividad e incluso de ansiedad.

Un nivel adecuado de ondas beta nos ayuda a centrarnos en los estímulos externos y realizar actividades cotidianas como conducir, comprar, comparar resultados, acudir a una reunión o resolver cualquier tarea que implique una activación cerebral rápida, es decir, ser eficientes en nuestro trabajo y desempeñar con éxito las tareas de nuestra vida cotidiana. ¿Qué indica un nivel bajo de ondas beta? Podría conducir a un estado depresivo. ¿Qué puede ocurrir con un nivel excesivo de ondas beta? El exceso de sobreactivación neuronal puede conducir a estrés crónico y estados de ansiedad generalizados. Lo adecuado para la salud física y mental es compaginar la actividad cerebral con un número adecuado de ondas beta suficientes para ser eficaces, y alternar con ondas más lentas que nos ayuden a recuperar nuestro equilibrio físico y mental.

Ondas gamma

Su frecuencia supera los 30 Hz. Son las más rápidas, pero no tienen nada que ver con las ondas beta ni con el estrés. Se llega a ellas desde el estado alfa: para que el cerebro produzca este tipo de ondas tiene que sentirse suficientemente relajado. Bajo presión no se alcanzan ondas gamma. Se relacionan con la creatividad, con la lucidez mental y con la inspiración. Con el «¡Eureka, lo encontré!».

Se generan en estado de máxima plenitud y felicidad. Aparecen también en la fase de sueño REM y en meditación profunda.[17] Desaparecen con la anestesia. Tienen relación con la capacidad de asentar información nueva. Los pacientes con problemas mentales o de aprendizaje suelen presentar un déficit de ondas gamma en su registro cerebral.

¿Cuál es la clave de este metrónomo cerebral?

El cuerpo se recupera de forma automática cuando el cerebro disminuye su actividad. Si el cerebro estuviera constantemente ciclando a nivel beta acabaríamos enfermando. Demasiada velocidad y demasiado estrés. Es fácil mantenerse sano si no nos dejamos apoderar por el estrés, el miedo o la ansiedad. Por eso es muy recomendable disfrutar de un sueño reparador y, durante los períodos de vigilia, procurar momentos de tranquilidad en los que generemos ondas alfa o theta de forma natural. Estas ondas más lentas requieren de la activación del sistema nervioso parasimpático. Son necesarias para el equilibrio físico y mental y resultan imprescindibles para la superación de cualquier trauma o enfermedad. Estas ondas aparecen de manera automática cuando nos relajamos, cuando escuchamos música inspiradora, cuando nos dedicamos a actividades que nos gustan, al contemplar una puesta de sol, prestando atención al sonido del mar, cuando dormimos... Siempre que nos regalamos un instante para parar y darnos un respiro. Es justamente en esos momentos de serenidad cuando somos capaces de encontrar soluciones a todos los problemas y recuperamos fuerzas para seguir afrontando los retos de la vida cotidiana.

Serenidad

Es la sensación de paz interior que nos invita a saborear el presente e integrar las circunstancias desde una nueva perspectiva de nosotros mismos y del mundo que nos rodea. Es la emoción que aprendí de la mano de pacientes como Eulogio, Ana o Joaquina. El truco es no tener que esperar a superar una enfermedad grave para saber que podemos movernos por la vida un poco más conscientes y tranquilos.

Equivale a ese suspiro de bienestar ante una situación agradable como pasear por un bosque o escuchar el sonido de la lluvia sobre el cristal de la ventana mientras saboreamos una taza de chocolate caliente. Puesto que nuestra vida está presidida por el principio de incertidumbre, no podemos elegir rodearnos exclusivamente de paisajes en calma. Para mantener nuestra salud es imprescindible afrontar las situaciones cotidianas con serenidad, así seremos capaces de disfrutar de la lectura de un buen libro en medio de un autobús abarrotado o disfrutar de la música en mitad de un atasco de tráfico. Como afirma el doctor Mario Alonso Puig: «La serenidad es la capacidad de mantener centrada tu atención, en medio de la dificultad, en aquello que para ti es una prioridad».

Nunca me canso de repetir a mis pacientes que nacemos diseñados para el equilibrio. Nuestro cuerpo es tan sabio que podemos atravesar con éxito por períodos de turbulencias y seguir después disfrutando de la vida gracias a dos sistemas que interaccionan entre sí. Son como las dos caras de una misma moneda (ambos se regulan de forma autónoma por el sistema nervioso autónomo que describimos en el capítulo 4) y se van alternando para mantener el equilibrio.

El Sistema Nervioso Autónomo funciona así:

1. Sistema de amenaza: sistema nervioso simpático. Se pone en marcha para afrontar el estrés gracias al cortisol y las catecolaminas. Nos detendremos en él un poco más adelante.

2. Sistema de calma: sistema nervioso parasimpático. Abanderado por la oxitocina (descrita con detalle en el capítulo 11) y la acetilcolina (hormona que, entre otros muchos efectos, consigue desacelerar el corazón tras el susto, aumentar la motilidad y las secreciones digestivas, la actividad urinaria y la genital). Así podemos recuperar el equilibrio tras una

situación estresante y abandonar la zona roja del estrés crónico. Desde este sistema nos sentimos abiertos y receptivos. Nos olvidamos del miedo y nos asomamos al mundo con confianza. Somos capaces de relacionarnos mejor con nosotros mismos y con los demás y, lo mejor de todo, ¡sanamos!

Fisiología de la calma

La quietud surge de modo natural cuando se activa el Sistema Nervioso Parasimpático y se produce una doble respuesta:

- Cambios físicos: actividad cerebral lenta.
- Cambios bioquímicos: neurotransmisores que producen calma.

Es decir, nos sentimos sosegados. Nuestro cerebro responde al bienestar generando aún más bienestar y equilibrio interno. Esta respuesta automática a nivel neuronal y hormonal se resume en la reflexión del Dalai Lama: «Una mente en calma trae fuerza interior y confianza en uno mismo, por eso es muy importante para la buena salud».

¿Qué ocurre cuando perdemos la calma?

Lo contrario a la calma es el estrés. Clásicamente el estrés se define como una amenaza frente a la cual se activa un conjunto de reacciones que implican respuestas conductuales y fisiológicas (neuronales, metabólicas y neuroendocrinas) que permiten al organismo responder al estresor de la manera más adaptada posible.

Cuando se trata de sobrevivir a un peligro, toma el mando el Sistema Nervioso Simpático. Como vimos en el capítulo 4, esta parte del sistema nervioso es automática, no depende de nuestra voluntad. Ante una situación de peligro, todos los seres vivos reaccionamos de la misma forma:

- Lucha: nos enfrentamos a la amenaza y atacamos si pensamos que nuestra fuerza es superior a la del estímulo amenazante. Aunque nuestra capacidad sea pequeña, atacamos igualmente si frente al estímulo amenazante se interpone algún ser querido.
- Huida: «¡Sálvese quien pueda!».
- Parálisis: el miedo es tan grande que no somos capaces de reaccionar de otra manera. Incluso nos desmayamos. Mi perro Truco se desmayaba en mi regazo cada vez que en su época de cachorro traspasaba la puerta del veterinario. No te voy a contar el susto que me llevé la primera vez que perdió el sentido.

Todo lo que ocurre en una fracción de segundo:

Cuando nos sentimos amenazados, nuestro cerebro analiza el potencial peligro en tres fases que se producen en milésimas de segundo:

1. Recepción del peligro y filtro de las informaciones sensoriales por el tálamo.

2. Programación de la reacción al peligro. Se activan el córtex prefrontal (implicado en la toma de decisiones, la atención y la memoria a corto plazo) y el sistema límbico (se encarga del análisis comparativo entre la nueva situación y los recuerdos): la respuesta se hará en función de la experiencia. Algunas investigaciones han demostrado diferencias de género.[18] Parece ser que en los hombres se activa más el córtex y en las mujeres, el sistema límbico, que parece indicar que los hombres piensan más y las mujeres sienten más.

3. Finalmente, activación de la respuesta del organismo vía amígdala (memoria emocional) e hipocampo (memoria explícita). Esta respuesta implica la activación de dos sistemas:

- *Eje-hipotálamo-hipofisiario-adrenal*: avisa a las glándulas suprarrenales que produzcan cortisol (se sintetiza en la corteza suprarrenal).
- *Eje neural*: su cometido consiste en activar el sistema simpático para avisar a las glándulas suprarrenales y producir catecolaminas (adrenalina y noradrenalina, que se sintetizan también en las glándulas suprarrenales pero en la zona de la médula).

El eje hipotálamo-hipofisiario es la cascada hormonal responsable de que el organismo encuentre los recursos para enfrentarse a la amenaza. Ante el estímulo estresante, se activa el hipotálamo y se produce el factor liberador de corticotropina (CRH). Esta hormona avisa a la hipófisis para que comience a liberar hormona adenocorticotropa

(ACTH), que regula a su vez la producción de cortisol, imprescindible para que el organismo obtenga de forma automática energía extra en caso de urgencia.

En el estrés agudo, la hipófisis libera además dopamina, hormona que nos motiva a la búsqueda de recursos. Cuando el estrés es una situación crónica, no hay dopamina y se acumula el cortisol. ¿Qué quiere decir esto? Que el cuerpo claudica ante la presión y dejamos de enfrentarnos a la situación de forma saludable.

¿Cómo responde nuestro cuerpo ante la amenaza? Exactamente igual que cualquier otro ser vivo que se siente en peligro. Y reacciona independientemente de que la amenaza sea real o imaginaria:

- El corazón se acelera para llevar más sangre hasta los músculos que necesitan correr o pelear y aumenta la tensión arterial.
- Las pupilas se dilatan para ampliar la capacidad de ver todos los peligros.
- Los pulmones aumentan su capacidad para que entre más oxígeno.
- El hígado descarga grandes cantidades de glucosa para que sirva de energía extra a los músculos.
- Las glándulas suprarrenales se exprimen para producir cortisol y catecolaminas.
- La piel cambia de color: palidez llamativa si sentimos miedo o rojo encendido cuando estamos enfadados.
- El estómago produce ácido en gran cantidad; por eso yo sufría tantos dolores de estómago en mi época de colegio con aquella profesora de matemáticas que me producía tanto estrés.

- Se apagan las funciones que no son imprescindibles para la lucha (digestión, sistema urinario, sistema reproductor...).
- La velocidad de las ondas cerebrales se dispara. Ondas beta rápidas.

Síndrome general de adaptación al estrés:

Dependiendo del tiempo que se mantiene la situación estresante, se puede hablar de tres fases:

1. La primera es la fase de alerta: ante una situación estresante (miedo, ira, asco, enfado...), el hipotálamo estimula las glándulas suprarrenales (en su parte medular) para secretar adrenalina. ¿Para qué sirve la adrenalina? Para suministrar la energía al organismo en caso de urgencia. ¿Cómo? Elevando la frecuencia cardiaca, acelerando la respiración y aumentando el flujo sanguíneo en brazos y piernas (para correr o pelear).
2. La segunda es la fase de la resistencia: se activa solamente si el estrés se mantiene. Las glándulas suprarrenales secretan cortisol. Su papel es mantener constante el nivel de glucosa sanguínea para nutrir los músculos, el corazón y el cerebro. El cortisol asegura la renovación de las reservas. Es una fase de resistencia y el organismo debe aguantar.
3. La fase de agotamiento: se instala si la situación persiste y se acompaña de una alteración hormonal crónica con un impacto muy negativo sobre la salud física, mental y emocional. El 90 por ciento de

los pacientes que acuden al médico consultan por patologías relacionadas con estrés que ha llegado a esta fase de agotamiento.

¿Siempre es malo el estrés? ¡Por supuesto que no! Hay un estrés bueno, el que nos estimula a enfrentarnos a un reto, el que nos acelera el corazón cuando nos enamoramos o el que nos salva la vida ante un peligro real. Sin capacidad de estar alerta no conseguiríamos sobrevivir.

Si mientras estuvieras leyendo este capítulo un tigre apareciese en tu ventana, sería tu adrenalina la que te aportaría de forma inmediata la fuerza necesaria para saltar de la silla y ponerte a salvo del peligro. En este caso, no serviría de mucho permanecer sereno y continuar leyendo tranquilamente el libro. ¿Cómo escaparías del tigre?

- Acelerando la respiración para conseguir oxígeno.
- Liberando glucosa por parte del hígado y así conseguir energía extra.
- Acelerando también el latido cardiaco para llevar el oxígeno y la glucosa donde se necesita.
- Aumentando el flujo de sangre en las partes del cuerpo implicadas en la respuesta inmediata (piernas para correr y brazos para luchar).
- Activando las glándulas suprarrenales para conseguir más adrenalina.
- Disminuyendo las funciones en los órganos que no se necesitan en el proceso, como el sistema digestivo o el aparato reproductor.

Por suerte, no es habitual tener que ponernos a salvo de tigres ni otros animales depredadores, pero seguimos reaccionando de la misma forma que nuestros ancestros hace miles de años. ¿Recuerdas cómo se aceleró tu corazón la última vez que tuviste que hablar en público? Los seres humanos nos diferenciamos de los animales en que seguimos en alerta cuando el peligro ha cedido o incluso sin necesidad de que aparezca una amenaza real. Nuestra imaginación nos suele jugar malas pasadas y estamos constantemente produciendo hormonas que se vierten al torrente sanguíneo, pero que no se usan. El cortisol se acumula en el cuerpo y esta elevación resulta dañina para todos los órganos y neurotóxica para muchas estructuras cerebrales vulnerables como el hipocampo.[19]

La pregunta del millón: ¿cómo recuperar la calma?

Felizmente, el sistema de calma se activa automáticamente cuando dejamos que trabaje el sistema nervioso parasimpático. Hemos visto cómo el simpático y el parasimpático se turnan para adaptarnos con éxito a las situaciones cotidianas. Podríamos decir que equivalen al acelerador y al freno de nuestro automóvil particular. Para avanzar son necesarios ambos pedales, pero si mantenemos constantemente pisado el acelerador, nuestro motor se acaba quemando. El famoso síndrome de *burnout* es la expresión literal de sentirse quemado por estrés laboral crónico.

Recuperar la calma es imprescindible para mantener la salud física, mental y emocional y necesaria para acelerar la curación de cualquier proceso una vez que nuestro cuerpo ha enfermado.

¿Cómo se activa el sistema parasimpático? Todas las situaciones que favorecen la síntesis de oxitocina activan el pedal del freno de nuestro equilibrio interno. Por eso, nunca me cansaré de repetir que no hay mejor medicina que el amor.

Cuando hablemos de oxitocina, endorfinas y coherencia cardiaca, encontraremos una serie de actividades y herramientas sencillas para procurar estados de serenidad. Entre tanto, recuerda que:

> **Nadie puede traerte paz sino tú mismo.**
>
> RALPH WALDO EMERSON

Por prescripción facultativa:

No olvides regalarte todos los días una dosis doble de física y química. Ni siquiera es necesario que sea de quince minutos. Un par de minutos de tranquilidad ya son más que suficientes para sentir la mejoría.

Justo antes de comenzar la exposición de un tema importante, de asistir a la reunión con el jefe, de contestar las preguntas del examen o de que se abran las cortinas del escenario y comience tu función, respira profundamente y permite que tu cerebro elija la frecuencia de ondas más adecuada al momento. En ese instante de calma, conseguirás además que tu cuerpo sintetice una dosis extra de endorfinas y oxitocina.

¿Regresas a casa tras una jornada agotadora y no consigues colgar en la puerta los problemas? ¿Sientes que no eres capaz de desconectar ni siquiera en tu tiempo libre? Es el momento de *afilar el hacha*.

—¿Qué es eso de afilar el hacha, doctora?

—Te voy a contar una historia que leí por primera vez en un libro de cuentos tibetanos. Se titula *Afilar el hacha*:

Dicen que una vez un leñador muy trabajador se presentó a una oferta de empleo en un bosque. Viendo su motivación y su energía, le contrataron enseguida. El jefe le prestó un hacha y le mandó a cortar árboles.

Cuando acabó el primer día, el dedicado leñador había conseguido traer dieciocho árboles, una cifra impresionante. Pero el hombre era muy trabajador y quería demostrar que podía hacerlo todavía mejor, y al día siguiente salió a batir su récord. Sin embargo, al finalizar la jornada solo pudo volver con quince troncos.

Conforme iban pasando los días el leñador se esforzaba por superarse, pero pese a gastar tanta energía, cada vez volvía con menos árboles. Estaba desesperado.

Fue a hablar con su jefe y le explicó la situación.

—No lo entiendo. Por más que me esfuerce, cada día consigo talar menos árboles.

El hombre que lo había contratado le miró y preguntó:

—¿Cuánto hace que no afilas el hacha?

—¿Afilar? ¡No tengo tiempo para afilar! Estoy muy ocupado cortando árboles.

Ten paciencia. Espera hasta que el barro se asiente y el agua esté clara. Permanece inmóvil hasta que la acción correcta surja por sí misma.

LAO TZU

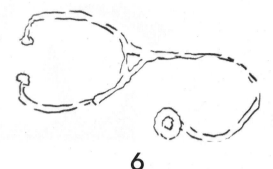

6

COHERENCIA CARDIACA

> El sentido de la vida es hacer que los latidos de tu corazón sintonicen con los latidos del Universo.
>
> JOSEPH JOHN CAMPBELL

Los médicos estamos convencidos de que no vamos a enfermar nunca. Durante la jornada de guardia, comemos sin prestar atención al plato repasando los síntomas del último paciente atendido o del que se fue de alta aún con ciertas molestias. Llevaba horas auscultando tórax y escuchando toses secas, sin darme cuenta de que yo misma había pasado la noche tosiendo sin parar. A primeros de marzo de 2020 me contagié de covid. La dificultad respiratoria apareció pronto. Cada vez me costaba más que entrara el aire en mis pulmones. Me recordé a mí misma que la ansiedad aumenta los síntomas y que el agobio no es bueno para un cuerpo ya de por sí maltrecho. Cuando pensaba en UCI y respiradores, la falta de aire aumentaba, así que apliqué todo eso que vengo contando a mis pacientes cuando necesitan una dosis extra de tranquilidad. El cuerpo, que es sabio y tiene medios para curarse, me pedía reposo y alguna almohada más de la cuenta para poder respirar sin tanta dificultad.

Fue una alegría despertarme tres días después y comprobar que estaba mucho mejor. Ya podía respirar sin tanta fatiga y esa sensación de notar cómo entra el aire y llega hasta el último alveolo de mis pulmones suscitaba en mí sentimientos de alivio y gratitud. Pocas veces había sido consciente de que la respiración es un auténtico milagro. Enseguida pensé en cómo ayudar a otras personas que estuvieran sufriendo el mismo proceso. Con más lentitud de lo que era habitual, encendí el ordenador y escribí este mensaje en las redes sociales:

> ¡Hola! Soy médico de urgencias.
> Si alguien necesita aclarar alguna duda o consultar sobre sus síntomas, puede contar conmigo a través de un mensaje privado.
>
> #YoMeQuedoEnCasa

En menos de dos minutos, mi buzón personal comenzó a acumular consultas de personas de todo el mundo. Algunas me preguntaban por sus síntomas, otras me enviaban fotografías de sus parientes enfermos, sus tratamientos habituales, resultados de análisis de sangre e incluso vídeos con su propia respiración; muchas expresaban desconcierto y, casi todas, miedo.

Comprobé asombrada que el hecho de estar prestando atención a otras personas había conseguido disminuir mi propio malestar, a pesar de que, durante los primeros días, el corazón llegó a latir a más de 170 latidos por minuto. Se considera que lo normal es una frecuencia cardiaca de 80 latidos por minuto. Mi pulso doblaba la velocidad y, como médico, sabía que ese signo no podía ser de buen pronóstico. Dudé en varias ocasiones sobre avisar o no a mis compañeros de urgencias para que vinieran a buscarme en ambulancia y seguir mi proceso en el hospital.

El miedo acelera aún más el pulso. Para calmarlo, recordé que hace tiempo, justo unos minutos antes de que acabara mi turno en urgencias, llegó Micaela, una paciente de unos cincuenta años con una frecuencia cardiaca de más de 180 latidos por minuto. Estaba diagnosticada de taquicardia paroxística supraventricular, una patología que consiste en que el corazón se pone a correr como un loco y pude acarrear complicaciones serias. Tiene un tratamiento específico: adenosina, un fármaco intravenoso que consigue una reversión rápida a ritmo sinusal, que es el patrón de latido normal, y, finalmente, de forma programada, suele requerir de un proceso quirúrgico para evitar que el corazón alcance esas velocidades y ponga en riesgo la vida del paciente.

Cuando sonó mi timbre y vi que solo faltaban unos minutos para terminar el turno, sentí fastidio. No sabía quién era ni de qué se trataba, pero bien podría haber esperado un poco antes de atravesar la puerta de urgencias. Así hubiera sido posible irme a descansar un rato. Nada más ver la cara de Micaela y escuchar su voz entrecortada, olvidé que mi turno estaba a punto de acabar. Y cuando interpreté su electrocardiograma me puse rápidamente a prepararlo todo para administrarle adenosina y conseguir frenar su acelerado corazón.

Hay que tener a mano el carro de parada para administrar el tratamiento porque produce una parada momentánea del corazón antes de que este recupere su ritmo normal. Mientras tanto, le pedí a la paciente que realizara algunas maniobras respiratorias con el fin de controlar su latido. En muchas ocasiones, estas tienen éxito y el corazón vuelve a latir tranquilo sin necesidad de fármacos.

—No puedo, doctora. Me dio una trombosis pulmonar hace tiempo y no puedo soplar con fuerza desde la tripa —contestó a la par que ofrecía su brazo para que el enfermero le colocara una vía intravenosa en la flexura del codo.

—En ese caso, Micaela, ¿por qué no prueba a cerrar los ojos, respirar tranquilamente e intentar conectar con la energía amorosa de su corazón?

—¿La energía amorosa de mi corazón?

—Sí, el corazón es pura energía. Imagine que con cada latido está enviando amor a todas las células de su cuerpo.

—¿Y cómo respiro?

—Sus pulmones ya saben cómo hacerlo. Nació usted respirando. Solo tiene que prestar atención al aire que va entrando. Pruebe a contar del uno al cuatro cuando entre el aire y del cinco al diez mientras sale.

Tres minutos después regresé junto a su camilla con el tratamiento ya preparado para inyectarlo rápidamente en vena, y Micaela me comentó sonriendo:

—Doctora, que va a ser verdad eso del amor... ¡Que ya no tengo taquicardia! De repente noté un como un clic justo en medio del pecho y ya estoy bien.

Observé el monitor que mostraba el registro de su electrocardiograma y comprobé que marcaba ritmo sinusal, es decir, el ritmo de un corazón sano.

Recordé que, si Micaela había sido capaz de controlar su arritmia, yo también podría intentar recuperar mi ritmo de la misma forma. En vez de seguir mirando las cifras que marcaba el pulsioxímetro en el dedo índice de mi mano izquierda y con el teléfono de urgencias a punto de marcar en mi mano derecha, comencé a conectar con la energía amorosa de mi corazón. Había decidido avisar a mis compañeros si el oxígeno bajaba de 90 por ciento (una saturación adecuada es de 99-100 por ciento) o si mi corazón se disparaba (lo recomendable es tener una frecuencia cardiaca alrededor de 80 latidos/minuto). Y allí estaba mi dedo indicando dos cifras poco alentadoras: 90 por ciento y 170 l/m. Cerré los ojos y respiré todo lo profundo que las limitaciones que producía el virus me estaban permitiendo. Visualicé mi corazón inmerso en una hermosa luz violeta que se iba expandiendo con cada latido. Si *cordura* deriva de *corazón*, el mío tenía que recobrar la suya a base de respiraciones conscientes.

> Inspiro amor y suelto el aire dejando que se vaya el miedo.

No sé si fue de forma tan rápida como mi paciente de urgencias. Poco a poco, el pulso comenzó a aquietarse y la presión del pecho se hizo cada vez menor. Cuando cesó un poco la tos, conseguí conciliar el sueño. A la mañana siguiente, mi corazón había recuperado su ritmo habitual. Era capaz de respirar sin tanta fatiga. A partir de ese momento, durante varios días, cada inspiración era una auténtica fiesta. No paraba de sonreír y agradecer cada respiración, es decir, sonreía unas trece veces por minuto. Y cuando el cerebro recibe la señal de que tu cuerpo sonríe, entiende que las cosas no van tan mal. Había espacio para la tranquilidad y pude continuar observando la evolución del cuadro desde mi domicilio.

En alguna ocasión, cada vez con menos frecuencia, mi corazón volvía a latir fuerte y rápido, pero enseguida recordaba la lección de Micaela. Solo tenía que conectar con la energía amorosa y la sabiduría de mi propio corazón. Había recomendado muchas veces eso mismo a mis pacientes, pero nunca había tenido que echar mano de esa energía amorosa para controlar mi propia taquicardia.

¡Y doy fe de que funciona!

¿Quieres comprobarlo? No es necesario esperar a que tu corazón se acelere y comience a latir como un loco. Te invito a experimentar la energía de tu corazón a través de un ejercicio práctico muy rápido y sencillo: recuperar la coherencia cardiaca.

¿Coherencia cardiaca?

Es la relación entre neurocardio y cerebro, o dicho en lenguaje poético, la comunicación entre corazón y mente. Pareciera que tomamos las decisiones importantes desde la razón, pero el corazón sabe antes que el neocórtex y decide desde la intuición. Incluso las iniciativas aparentemente más conscientes, como casarse, elegir una carrera o el lugar de vacaciones, las toma el inconsciente.

—Doctora, ¿entonces, para qué sirve el consciente?

—Pues entre otras funciones importantes, para situarnos en el tiempo, por ejemplo, distinguir entre pasado, presente y futuro, y sacar conclusiones.

Como afirma el doctor Donald Brian Calne, uno de los neurólogos que más ha investigado la enfermedad de Parkinson a nivel mundial: «La diferencia esencial entre emociones y razón es que la emoción lleva a la acción, mientras que la razón lleva a conclusiones».

¿Cómo se comunican corazón y cerebro?

• Por vía nerviosa. Como todas las funciones importantes para la vida, se realiza al margen de nuestra voluntad, gracias al sistema nervioso autónomo (SNA): a través del nervio vago que forma parte del sistema nervioso parasimpático (SNP) y de los nervios de la médula espinal que forman parte del sistema nervioso simpático (SNS). Esta comunicación es bidireccional, tanto desde el corazón al cerebro como a la inversa. La información del corazón llega a la ínsula. Ya aprendimos en el capítulo 1 que esta es una zona cerebral situada justo por debajo de la corteza que recibe todas las señales internas del cuerpo, se encuentra estrechamente conectada con el resto del cerebro y da lugar a diferentes respuestas dependiendo del estímulo. Por ejemplo, la ínsula nos avisa de que estamos enamorados. ¿Cómo? Enviando al corazón la orden de que produzca palpitaciones cuando nos encontramos con la persona amada.

- Por vía hormonal. El corazón produce la Hormona Natriurétrica Atrial (ANH) que regula el equilibrio interno, inhibe las hormonas del estrés y libera además oxitocina, la hormona que conoceremos a fondo en el capítulo 11.
- Por vía electromagnética. La actividad eléctrica del corazón genera una potencia muy superior a la del cerebro. Cada latido supone 2,5 vatios de energía eléctrica. Estas ondas son medibles hasta unos cuatro metros de distancia del cuerpo.
- Por vía biofísica. Se generan ondas de presión a través del bombeo de sangre en cada sístole.

Frecuencia cardiaca y variabilidad

Como vimos al inicio del capítulo, un corazón sano late unas ochenta veces en un minuto. Es lo que conocemos como «frecuencia cardiaca» (FC): el número de veces que el corazón se contrae y se expande durante un minuto (se mide en latidos/minuto y se regula por el SNA.)

Si la frecuencia es muy rápida, hablamos de taquicardia, y si es demasiado lenta, hablamos de bradicardia.

¿Cuándo se acelera el latido? Cuando se activa el simpático y se sintetizan las catecolaminas. No tenemos nada más que tomarnos el pulso antes de entrar a un examen. ¿Cómo se calma? Con la activación del parasimpático y la síntesis de acetilcolina.

Si nos entretuviéramos en registrar los latidos uno a uno comprobaríamos que, en realidad, durante ese minuto en el que tomamos el pulso no todos los latidos se producen a la misma velocidad. Los intervalos entre latidos cambian. A veces van más rápido y a veces más lento, dependiendo de los diferentes estímulos que activan el SNA. Esta diferencia es lo que conocemos como variabilidad de la frecuencia cardiaca (VFC). Esta fluctuación se puede registrar en forma de curvas y se mide en milisegundos. Si en un minuto disponemos de 60.000 ms, hay mucho tiempo para variar la velocidad de los latidos. Cuando hay equilibrio, las fluctuaciones producen una curva armónica que indica una coherencia cardiaca alta. Ante el estrés, se genera una curva errática y caótica que se podría calificar como incoherencia.

¿Cómo se regula la variabilidad cardiaca?

También depende del SNA, igual que la frecuencia. Hemos visto que el simpático (SNS) produce ritmo rápido y el parasimpático (SNP) enlentece el ritmo. La variabilidad depende del equilibrio entre ambos sistemas y se modifica con todos los estímulos, internos y externos, que influyen sobre el sistema nervioso: respiración, ejercicio físico, estrés, emociones, pensamientos... Durante la inspiración se estimula el simpático y se aceleran los latidos. Durante la espiración se estimula el parasimpático y se enlentece el ritmo.

Cuanto mayor es la variabilidad cardiaca, mayor es la coherencia cardiaca. Si la variabilidad es mínima, disminuye la coherencia y aumenta el riesgo de enfermar.

¡Ojo! Coherencia no es sinónimo de ritmo lento, sino de ritmo armónico. Tampoco es sinónimo de relajación, sino de equilibrio entre sistema nervioso simpático y parasimpático y su relación con el corazón. El ritmo puede ser rápido y coherente o rápido e incoherente. También puede ser lento y coherente o lento e incoherente.

Cuando nos sentimos alegres o realizamos ejercicio físico, el ritmo es rápido y, sin embargo, la coherencia es alta. La rabia y el miedo, por ejemplo, también producen ritmo rápido, pero incoherente y caótico. Cuando estamos en calma, el ritmo es lento y coherente, y también es lento cuando nos sentimos tristes o deprimidos, pero en este último caso es además incoherente. Yo lo explico como si nuestro corazón y nuestro cerebro se dispusieran a bailar un tango. Dependiendo de la música, los pasos de baile pueden ir más o menos rápidos. Cuando hay coherencia el baile es armónico y, como resultado, ambos bailarines se adaptan de forma acompasada a los cambios. Este equilibrio se traduce en salud, bienestar y plenitud. Cuando falta la coherencia, es como si en vez de bailar, se atropellaran a cada paso y no dejaran de pisarse uno a otro. Podemos adivinar el resultado de mantener esta incoherencia durante mucho tiempo seguido.

¡Ojo! Que variabilidad y frecuencia no tienen nada que ver. Los médicos, cuando tomamos el pulso, no medimos la variabilidad y pasamos por alto la coherencia. Sin embargo, este dato nos ayudaría mucho a entender los efectos del estrés y de la ansiedad en nuestros pacientes. La variabilidad cardiaca es un medidor objetivo del estrés físico y emocional de una persona. También se considera un indicador de la salud, de la resiliencia y del envejecimiento. Con la edad, la variabilidad tiende a disminuir de forma natural, por lo que es fundamental recuperar la coherencia cardiaca para mantenernos sanos a pesar de cumplir años.

¿Cómo influye la coherencia cardiaca en la salud?

Cuanto mayor es la coherencia, mayor es la salud física, mental y emocional. Además, puesto que el corazón genera un campo magnético, si mi corazón está en armonía, mejora mi entorno y, por lo tanto, la calidad de mis relaciones.[20]

A nivel físico, la coherencia cardiaca mejora tanto la variabilidad como la frecuencia cardiaca, por lo que protege al corazón de arritmias e infartos.[21] También ayuda a controlar la diabetes mellitus.[22] Refuerza el sistema inmune por aumento de inmunoglobulina A. La IgA es un anticuerpo que nos protege de las infecciones porque mantiene a raya a las bacterias y virus impidiendo que se adhieran a las células epiteliales. Como disminuye el cortisol, ayuda a controlar el estrés.[23] Aumenta la dehidroepiandrosterona (DHEA), que es la hormona de la juventud y retrasa el envejecimiento.[24] Ayuda al equilibrio del sistema nervioso autónomo porque se compensan los sistemas simpático y parasimpático.[25] Controla la presión arterial[26] y mejora el insomnio.[27]

A nivel mental, un corazón coherente facilita la función cognitiva, aumenta la capacidad de responder de forma correcta a los estímulos y mejora la creatividad.

A nivel emocional, la coherencia cardiaca ayuda a superar el estrés postraumático (TEPT), calmar la ansiedad y recuperar la estabilidad emocional.[28] Contribuye además a mejorar la depresión mayor, a disminuir la agresividad y a aumentar la asertividad y la resiliencia.

En resumen, la coherencia cardiaca nos ayuda a mantenernos sanos y ser felices y, además, a influir de forma positiva en la felicidad de las personas que nos rodean.

El tenista Carlos Alcaraz logró pasar de joven promesa del tenis a figura mundial al proclamarse campeón del Mutua Madrid Open 2022. Tras eliminar nada menos que a Rafael Nadal y Novac Djokovic, derrotó a Alexander Zverev en poco más de una hora de partido y ganó la final ante un público emocionado que le gritaba: «¿De qué planeta saliste?». Consiguió toda esta hazaña en tres días, mientras celebraba su decimonoveno cumpleaños en mitad de la pista. Cuando los periodistas le preguntaron de dónde había sacado la fuerza y la preparación mental para superar a sus rivales, explicó que únicamente había seguido la recomendación de su abuelo: «Ponle cabeza, corazón y cojones».

Nunca un abuelo supo hacer un resumen del concepto de coherencia cardiaca tan brillante y potente.

Por prescripción facultativa:

Te recomiendo un sencillo ejercicio para recuperar de forma rápida y eficaz la coherencia cardiaca. Comparto contigo la técnica propuesta por el Heart Math Institute, que lleva más de veinticinco años investigando la conexión entre corazón y cerebro.

Está basada en tres elementos:

- Emoción: es importante conectar con una emoción positiva. Trae a tu mente a un ser querido, por ejemplo, y conecta con esa emoción.
- Atención: para llevar la emoción al corazón.
- Respiración: con cada movimiento respiratorio, expandir la emoción a todo el cuerpo.

¿Empezamos? Te invito a cerrar los ojos y prestar atención a la respiración. Mientras respiras, coloca tu mano a la altura del pecho sin tocarlo, a unos centímetros de tu corazón. Al inspirar, cuenta del uno a cinco y concéntrate en expandir el tórax para que tu pecho alcance tu mano, como si quisieras crear espacio extra para tu corazón. Al espirar, suelta el aire contando de seis a diez. Cada ciclo dura diez segundos. Repite los movimientos respiratorios tres o cuatro veces sin necesidad de realizar pausas. Como ves, en medio minuto tu corazón aumenta su coherencia.

Es el momento de conectar con la energía amorosa del corazón. Para este fin, es muy recomendable recordar alguna escena especialmente emotiva con un ser querido, incluso puede ser muy eficaz recordar a nuestra mascota. Nos dejamos empapar por la emoción y, en cada latido, imaginamos que esta energía se expande por todo el cuerpo.

Solo con realizar este ejercicio durante un par de minutos, la coherencia cardiaca mejora. Es lo que yo llamo «resetear» el cuerpo. Si además quieres redondear el ejercicio con un regalo extra de oxitocina, te invito a inspirar gratitud y soltar en cada expiración todas aquellas cosas de las que te quieres desprender. A mí personalmente me ayuda mucho para dejar atrás el cansancio, la impaciencia y los enfados. Te animo a que lo compruebes personalmente. Total, son dos o tres minutos. Menos de lo que tardan algunos aparatos eléctricos en reajustar sus sistemas.

¿Cuándo es aconsejable practicar?

Yo practico de forma habitual tres veces al día. En ciclos de cuatro o cinco minutos de duración: por la mañana, a media tarde y justo antes de dormir. Es lo que suelo recomendar a mis pacientes, cualquiera que sea el motivo que los ha llevado a urgencias, como tratamiento complementario al farmacológico por su efecto beneficioso para la salud. Un ensayo clínico demostró la reducción del estrés en médicos de forma significativa tras la práctica de esta técnica tres veces al día durante veintiocho días.[29]

Además, durante un par de minutos, me es muy útil como herramienta para gestionar el estrés siempre que tengo que enfrentarme a un evento que supone un reto, como hablar en público, reunirme con una persona especialmente tirana o presentarme a un examen. Incluso lo recomiendo a los jóvenes cuando en mitad del examen se quedan bloqueados y no encuentran la respuesta apropiada. En este caso, puesto que la espiración estimula el SNP, que es el de la calma, te aconsejo prolongar un poco más este movimiento: inspiramos contando de uno a cuatro y espiramos contando de seis a diez. El efecto ansiolítico está garantizado.

También es muy aconsejable practicar otro par de minutos una vez transcurrido el evento estresante para regresar a nuestras actividades cotidianas con tranquilidad.

El siguiente dibujo resume la diferencia entre coherencia e incoherencia.

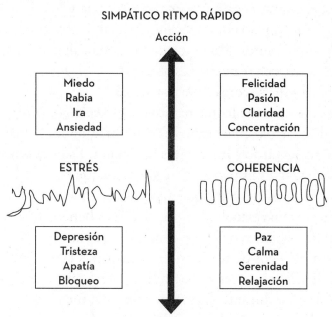

SIMPÁTICO RITMO RÁPIDO

Acción

Miedo	Felicidad
Rabia	Pasión
Ira	Claridad
Ansiedad	Concentración

ESTRÉS   COHERENCIA

Depresión	Paz
Tristeza	Calma
Apatía	Serenidad
Bloqueo	Relajación

PARASIMPÁTICO RITMO LENTO

Fuente: doctor Sergio Mejía Viana. Médico especialista en cardiología y medicina integrativa. Estrés *vs* coherencia.

> Una buena cabeza y un buen corazón son siempre una combinación formidable.
>
> NELSON MANDELA

7

EL PODER CURATIVO DEL PERDÓN

Si no perdonas por amor, perdona al menos por egoísmo, por tu propio bienestar.

Dalai Lama

A principio de los años noventa, recibí una llamada para ir a ver a Paulina, una abuela ya muy mayor que apenas solía requerir de mis cuidados a pesar de vivir sola y padecer psoriasis, enfermedad crónica de la piel que suele ser resistente a casi todos los tratamientos.

Si Paulina ponía un aviso a domicilio es que debía de estar realmente enferma, porque a pesar de su avanzada edad se mantenía lo suficientemente ágil como para arreglarse a las mil maravillas con todas las tareas cotidianas. Me apresuré a llegar a su casa. Entré en el cuarto, minúsculo y lúgubre. Allí estaba la anciana, tumbada en una cama pequeña, arropada con una toquilla de lana gris oscura. Era la primera vez que iba a visitarla. Siempre que había necesitado algo, ella misma se había acercado a la consulta. Solía ir poco, muy de vez en cuando, a buscar alguna receta para su psoriasis y, en ocasiones, algún sobre de alcalinos para los ardores de estómago. La conocía, más que de la consulta, de cruzarme con ella mientras barría la puerta de su casa. Con su pañuelo en la cabeza y su escoba de retama en la mano me recordaba a mi propia abuela y le había tomado un especial cariño. Dejé mi maletín al lado del ventanuco y me senté al borde de su cama. Estaba dispuesta a escucharla con mucha atención. Me contó que desde que había muerto su marido treinta años atrás, se había sentido muy sola porque sus hijos habían dejado de hablarle tras negarse a vender la casa familiar y marcharse a vivir a una residencia geriátrica.

Yo continuaba escuchando atenta, sin saber muy bien cuál era el propósito de mi visita aquella tarde. Paulina prosiguió su relato tras beber un trago de agua. Por un momento temí que la anciana estuviera pensando en el suicidio, pero ella continuó charlando tranquila. Me explicó que en breve cumpliría ya noventa y siete años y que, al intuir que su final estaba cerca, se había esforzado en escribir cartas a cada uno de sus hijos en las que les otorgaba su perdón más sincero. «Si tengo que marcharme, prefiero irme en paz. Llevo varias semanas con el asunto este de las cartas. Incluso he escrito a las nueras. Estoy tardando, porque me cuesta mucho sostener el lápiz. Me encuentro mucho mejor desde que escribo esas cartas. Se me ha borrado el rencor y no se lo va usted a creer, ¡se me han curado de pronto todas las pupas esas que siempre me han traído de cabeza por tanto picazón! ¡Y hasta se me han quitado los ardores de estómago! La he mandado venir porque quiero que guarde usted las cartas y se las haga llegar cuando yo muera. Seguro que vendrán, por lo menos a vender la casa y las tierras. Las cartas están allí en la cómoda. ¡Abra el cajón y mire dentro! Al lado de los pañuelos bordados. Y acérqueme también esa cajita de madera».

Con cuidado, abrí el cajón y busqué las cartas. Le alcancé la caja, un pequeño cofre con la tapa tallada y adornada de diminutas incrustaciones de nácar. Abrió la caja y sacó de ella un saquito azul oscuro, como de terciopelo desgastado, con un cordón amarillento. Me mandó deshacer el nudo del cordón y vaciar el contenido del saco. Contenía varias sortijas y algunos aretes. Se empeñó en regalarme una de las sortijas. Tuve que esforzarme para rechazar un regalo así sin que Paulina se sintiera ofendida. «Ya sabía yo que usted rechazaría mi ofrecimiento. Está bien, guarde usted las joyas con las cartas y que mis hijos las repartan como quieran. Pero déjeme al menos que le ofrezca un pañuelo bordado. Los bordé yo misma de joven, cuando tenía vista y pulso. Elija uno, que es como si yo misma se lo hubiera dejado en testamento». Acepté el pañuelo sin dudarlo y se quedó convencida y contenta. Al despedirme, volvió a repetirme parte de su discurso mientras agarraba mi mano: «No la entretengo más. Eso sí, si tiene usted alguien que le ha hecho algún feo, perdone cuanto antes, doctora, no vaya a ser tan tonta como yo. ¡Si viera qué alivio se siente! Y yo todos estos años renegando y echando bilis porque no venían ni dejaban de venir. Si lo hubiera sabido, habría perdonado mucho antes. ¡Con lo bien que me he quedado y mire, mire, sin una sola pupa!». Los últimos rayos del atardecer consiguieron atravesar la ventana e iluminar la cara de Paulina. Con la luz anaranjada, su rostro reflejaba aún más quietud. Sus pupilas brillaban y transmitían una paz increíble. Todavía conservo su pañuelo bordado y, lo que es mejor, cuando a lo largo de mi vida he tenido ocasión de guardar en el baúl del rencor a alguna persona, enseguida he recordado las palabras de Paulina y su capacidad de curar su psoriasis de forma definitiva.

Aquella paciente me demostró lo que tantas veces me repetía mi padre y yo no quería comprender: «Lo mejor de todo es saber perdonar, hija. Eso no lo enseñan en ninguna universidad. ¡No te vayas a dormir sin haber perdonado antes!».

Pronto adiviné la importancia del perdón en la salud. No solo el perdón de los agravios que nos hacen los demás, sino el perdón dirigido hacia nosotros mismos. La coherencia emocional surge automáticamente cuando estamos en paz. Lo afirmo sin duda, porque también he podido aprenderlo directamente con mis pacientes.

Una tarde, llegó a urgencias una paciente de cuarenta y tres años solicitando un antibiótico para su infección de orina. Estaba muy compungida porque, según me explicó, llevaba casi quince años padeciendo infecciones de forma continuada con un promedio de dos o tres cada mes. Mientras esperábamos el resultado de su análisis de orina, le expliqué que con tantas cistitis era importante descartar alguna patología en la vejiga o incluso en los riñones. Me comentó que había sido estudiada a fondo en urología, nefrología e incluso medicina interna. Le habían realizado todo tipo de pruebas y su aparato excretor funcionaba correctamente. Su rostro reflejaba cansancio. Estaba convencida de que, tras quince años de sufrir síntomas tan molestos, su patología era ya demasiado crónica y se había resignado a seguir padeciendo dolor y quemazón al orinar el resto de su vida. La invité a cerrar los ojos, realizar unas cuantas respiraciones profundas y comenzar a repasar mentalmente todos los acontecimientos importantes de su vida quince años atrás, cuando comenzaron las primeras molestias. Me miró primero con cierta reticencia, pero enseguida cerró los ojos y respiró abriendo mucho el tórax. Realizó unas cuantas respiraciones profundas y se dejó guiar por mi voz durante unos minutos. De repente, comenzó a llorar y abrió los ojos. «¡Lo sé, doctora, lo sé! Ya sé lo que pasó. Desde entonces me siento culpable por una decisión que me vi obligada a tomar en contra de mis principios. Llevo quince años sintiéndome culpable y, además, culpo también a mi marido. Pero ¿cómo no lo sospeché antes? Año tras año padeciendo... Y ahora, ¿qué tengo qué hacer con todo esto?».

Hay una frase que suelo recetar a mis pacientes y que yo me repito a menudo para conseguir aceptar mis propios errores y así aceptar también los errores de los demás. Le sugerí a Pilar que la repitiera tres veces al día, como si se tratara de un antibiótico: «Yo me perdono y me acepto tal cual soy, y por eso te perdono y te acepto tal cual eres».

Unos meses después, regresó a urgencias con un centro de flores blancas.

—No me lo acabo de creer, doctora. Once semanas sin infección. ¡Once semanas! ¿Usted cree que estoy curada ya?

—No tengo ninguna duda, Pilar. ¡Está curada!

> El perdón es la llave que abre la puerta a tu cielo interior.
>
> JUAN NAVARRETE

Tras comprobar la asombrosa desaparición de los signos de psoriasis en la piel de Paulina, me esforcé en recopilar evidencias clínicas que relacionaran el perdón y la salud. Mi búsqueda fue en vano. A Paulina la conocí en 1991, y los primeros estudios de carácter científico relacionados con los efectos beneficiosos del perdón en la salud se iniciaron en 1999. Se pusieron en marcha en la Fundación John Templeton de Estados Unidos y en el año 2005 habían patrocinado casi mil investigaciones.

El doctor Fred Luskin, autor del libro *Perdonar es sanar*, es el creador y director de los Proyectos de Perdón de la Universidad de Stanford. Se trata de un programa de investigación y enseñanza enfocado en el perdón interpersonal que se desarrolló con éxito en personas que sufrieron violencia en Irlanda del Norte, Sierra Leona y en los ataques contra el World Trade Center el nefasto 11 de septiembre en Nueva York.

En la actualidad, la relación entre el acto de perdonar y los cambios fisiológicos, mentales y emocionales que se producen en el individuo se ha convertido en uno de los campos de investigación más explorados de la psicología clínica.

Mi amiga Laura Rojas Marcos, psicóloga a quien admiro por su papel de investigadora y sobre todo por su exquisita calidad humana, en su libro *Convivir y compar-*

tir afirma que «pedir perdón y perdonar depende de que estemos abiertos y dispuestos a ello, y de saber cuándo y cómo hacerlo».

¿En qué ayuda el enfado?

La emoción que de forma natural se produce ante una ofensa es la ira. Se considera una de las emociones básicas. Es decir, nacemos ya con ella. Es necesaria para saber defendernos y poner límites a lo que interpretamos como una agresión. Este enojo es un remanente de energía destinado a aumentar nuestros recursos para resolver el problema que produjo el enfado.

La ira momentánea nos ayuda a resolver la situación y a formular una propuesta para evitar que se repita el hecho. ¿Cómo? Demostrando al otro el impacto que su acción ha provocado en nosotros. Tenemos derecho a sentirnos enfadados ante una ofensa. También tenemos derecho a sentirnos tristes, traicionados, irritados y ofendidos. Y es recomendable aceptar esas emociones. Cuando las intentamos ocultar, suele ocurrir que brotan en otro lugar, con personas que nada tienen que ver con la ofensa inicial, en momentos inoportunos y, generalmente, ante pequeñas ofensas. Es como si se despertara en nosotros ese dragón furibundo que todos llevamos dentro. Aristóteles lo explica de forma brillante:

> Enojarse es fácil. Lo difícil es hacerlo con la persona adecuada, en el grado exacto, en el momento oportuno, con el propósito justo y del modo correcto.

¿Cuándo el enfado es patológico?

Además del enojo útil que nos ayuda a establecer límites, existe también un enojo que destruye. Cuando solo tenemos en mente el deseo de castigar al otro por lo que hizo o cuando el sentimiento se torna rencor, se produce en nuestro organismo un desgaste crónico derivado de la constante activación del sistema nervioso simpático.

Para que la emoción se torne sentimiento, no tenemos más que filtrarla a través del cerebro racional y sostenerla en el tiempo. Por eso hay enfados que duran toda la vida.

¿Cómo se prepara el cuerpo para responder?

En cualquier situación de enfado, rencor, resentimiento o amargura, se activa una zona del cerebro límbico, la amígdala, la misma zona que se pone en marcha con el miedo y el estrés. Se produce además una activación del cerebro izquierdo que se traduce en una asimetría en los lóbulos frontales. Imagina que la parte izquierda de tu frente se hiciera más grande y la parte derecha quedara relegada. Si prestas atención a los cambios fisiológicos en pleno enfado y echas un vistazo a lo que ocurre dentro de tu frente, te parecerá que la parte izquierda está más grande y potente. Como si la ira se tradujera en un chichón emocional.

De esta forma, aumenta vertiginosamente la escala del nivel de excitación fisiológica y el cuerpo se prepara para la lucha; por eso una persona enfadada reacciona a menudo dando un puñetazo en la mesa, en la pared o en la mejilla de la persona que ha provocado ese enfado.

Se bloquea el neocórtex, que es nuestro cerebro racional, y toma el mando nuestro cerebro reptiliano, el cerebro de no pensamiento. La persona enfadada retrocede a respuestas primitivas porque se trata de un estado de alerta. Es como si en su cerebro se apagaran todas las funciones superiores y solo quedaran encendidas las reacciones automáticas. El enfadado responde de forma similar a como lo haría un cocodrilo tras recibir una amenaza: enseñando los dientes e incluso atacando si fuera preciso.

Por eso, intentar hablar con una persona en mitad de un enfado es perder el tiempo. El lenguaje es una función superior que depende del neocórtex y, en esos momentos, esta zona está bloqueada. El estrés anula las funciones superiores como el habla o el razonamiento. Lo mejor es esperar a que pase el enfado. La persona iracunda actúa desde su cerebro más primitivo y cuanto más intentamos explicarle con razones, más se enfada.

Todos estos cambios cerebrales implican cambios hormonales:

- Las glándulas suprarrenales vierten al torrente circulatorio altos niveles de cortisol y catecolaminas.

Como vimos, son sustancias que ponen en marcha una respuesta rápida de estrés.

- Los testículos en el varón y los ovarios en la mujer vierten en sangre un alto nivel de testosterona. Sí sí, la mujer también produce testosterona, a pesar de ser esta conocida como una hormona típicamente masculina.

Estos cambios hormonales se traducen en cambios corporales, el cuerpo se prepara para enfrentarse al peligro.

- El ceño se frunce.
- El rostro se enciende de rojo.
- Los labios se aprietan.
- La mandíbula se tensa.
- Aparecen arrugas sobre el puente de la nariz.
- Las pupilas se dilatan, como si los ojos quisieran ampliar el campo de visión y no perder ningún detalle.
- Los puños se cierran. Se van preparando por si fuera necesario responder con un puñetazo a lo que se considera un ataque.
- La presión arterial y la frecuencia cardiaca aumentan. Observa cómo se hacen visibles las venas en el cuello del que se enoja.

La ira, en forma de emoción, es una respuesta fisiológica que no debería prolongarse más allá de unos minutos, los justos como para saber poner límites.

A veces dura horas o incluso días, porque el nivel de adrenalina en sangre produce más irritación. Esta irritación genera una nueva descarga adrenérgica y esta, a su vez, más enfado, que de nuevo provoca otra descarga de adrenalina en sangre. Se crea un círculo que es difícil de romper, salvo que seamos capaces de activar otra zona del cerebro diferente a la amígdala.

Cuando esta ira se convierte en resentimiento, tiende a unirse a la frustración y la tristeza, y puede derivar en múltiples patologías por:

- Aumento de la resistencia vascular periférica, los vasos sanguíneos se endurecen y aparecen enfermedades vasculares: hipertensión arterial, infarto agudo de miocardio y accidentes cerebrovasculares.
- Disminución de la capacidad de respuesta del sistema inmunitario, lo que conlleva una mayor predisposición a padecer infecciones o tumores.
- Inflamación crónica de los tejidos que puede acarrear la aparición de múltiples enfermedades. Todas las terminadas en -itis (significa inflamación): faringitis, artritis, otitis, vasculitis, uveítis...
- Pérdida de memoria.

Y todas las posibles patologías relacionadas con el estrés crónico.

¿Cómo romper el círculo?

Para frenar esta cascada adrenérgica, se pueden practicar algunas actividades que ayudan a disminuir el nivel de excitación:

1. Alejarnos de las personas ante las que nos sentimos irritados

Muchas veces, la persona con la que estoy enfadado se encuentra ya a varios kilómetros de distancia, pero la seguimos «cargando» en nuestros pensamientos como el monje budista que cargaba sobre la espalda a la mujer que ayudó a cruzar el río. ¿Conoces este cuento tibetano?

Dos monjes budistas iban cruzando un río. Se encontraron con una mujer que también quería cruzar, pero que tenía miedo. Uno de los monjes la subió sobre sus hombros y la llevó hasta la otra orilla.

El otro monje estaba furioso. No dijo nada, pero hervía por dentro.

Eso estaba prohibido. Un monje budista no debía tocar a una mujer y este monje no solo la había tocado, sino que la había llevado sobre los hombros.

Recorrieron varias leguas. Cuando llegaron al monasterio, mientras entraban, el monje que estaba enojado se volvió hacia el otro y le dijo:

—Tendré que decírselo al maestro. Tendré que informar acerca de esto.

—¿De qué estás hablando? —le dijo el otro.

—¿Te has olvidado? Llevaste a esa mujer sobre tus hombros —contestó el que estaba enojado.

El otro monje se rio y luego dijo:

—Sí, yo la llevé. Pero la dejé en el río, muchas leguas atrás. Tú todavía la estás cargando.

2. Meditación

Así se activan las zonas cerebrales relacionadas con el perdón y la compasión.[30] Profundizaremos en los beneficios, tanto físicos como emocionales, mentales y espirituales, de la meditación en un capítulo para ella sola, pero al hablar del perdón resulta difícil no recordar la *Meditación del perdón y la compasión* del Dalai Lama, que encontrarás al final de este capítulo.

3. Ejercicio físico

Como vimos en el capítulo 3 al hablar de endorfinas, por pequeño que sea, todo ejercicio físico es bienvenido porque aporta bienestar físico, mental y, en este caso, emocional. Además, si estamos enojados, nos ayuda a elevar los niveles de dopamina y a desgastar el exceso de catecolaminas que llevan más tiempo de lo recomendable dando vueltas por nuestros vasos sanguíneos y causando estragos en todos los órganos diana. Como decían los clásicos: *mens sana in corpore sano.*

4. Paseos en contacto con la naturaleza

Los conocidos como «baños de bosque», terapia muy recomendada en culturas como la japonesa y escocesa. También analizamos sus beneficios en el capítulo de las endorfinas. Además, cuando estamos en contacto con el mar, un bosque, una montaña... producimos serotonina y activamos zonas del cerebro relacionadas con la calma. Cada vez hay más estudios que relacionan los paseos por espacios naturales con un estado de salud equilibrado. En el capítulo 5 comprobamos todos los efectos sanadores de la serenidad.

5. Sueño reparador

Desconecta nuestra amígdala, esa parte del cerebro límbico que nos resulta ya tan familiar y que nos secuestra en un círculo de enojo del que no resulta fácil salir. El sueño reparador permite que los órganos y sistemas recuperen su actividad normal. Dormir es una medicina en sí misma tanto para las enfermedades del cuerpo como para las afecciones mentales y emocionales. En realidad, todos los trastornos van de la mano: si estoy enojado, el dolor crónico de mi rodilla se acentúa, y si me duele mucho la rodilla, me enfado con el mundo, y así es más probable que mi enojo salpique a mi vecino.

6. Disfrutar con nuestras aficiones favoritas

Comenzamos a disminuir el ruido mental y nuestras ondas cerebrales van reduciendo su velocidad poco a poco. Además, se producen endorfinas y, como vimos en el capítulo 2, nos ayudan a aliviar tanto los dolores físicos como los emocionales.

7. Y, sobre todo, aprender a perdonar

El perdón implica ir más allá de la ira. El bienestar interno llega a través del perdón. Con estudios de neuroimagen, se ha comprobado que el mero hecho de visualizar que perdonamos a nuestros enemigos origina cambios en la anatomía cerebral. Estas áreas articulan las emociones relativas a resolución de problemas, comprensión, empatía y compasión.[31]

Todos pensamos que, al perdonar, hacemos un favor a la persona que recibe nuestro perdón. En realidad, el perdón es un acto de liberación, de salud y de amor hacia nosotros mismos. En el genoma humano existen genes para la bondad y la compasión, de la misma forma que hay también genes para la venganza. El perdón posiblemente evolucionó como un mecanismo para superar el dolor y el sufrimiento humanos. El acto de perdonar al otro es una elección y, aunque resulte más fácil conectar con emociones como la alegría o la gratitud, merece la pena aprender a desarrollar la habilidad de perdonar. Aunque solo sea por salud.

Siempre les digo a mis pacientes: «Por el bien de tus glándulas suprarrenales, aprende a perdonar». En ocasiones, argumentan que la ofensa recibida fue tan grande que no les resulta posible perdonar a quienes les han agraviado. Recuerdo a un paciente que prefería aumentar su dosis de tratamiento para la presión arterial antes que intentar perdonar a uno de sus vecinos, aun a sabiendas de que ese rencor estaba estrechamente relacionado con su hipertensión.

Efectivamente, a veces no resulta fácil disminuir el deseo de propinarle una buena patada en el trasero a quien nos ha ofendido. Cuando sufro una ofensa, a mí me ayuda mucho repasar mentalmente alguna ocasión similar a la vivida, pero justo al revés. Si me siento ofendida y me cuesta perdonar a quien considero un mentiroso empedernido, recuerdo alguna ocasión en la que yo misma mentí y necesité ser perdonada. De esta forma, es mucho más sencillo regalar nuestro perdón a quien nos ha ofendido y comenzar a caminar más ligeros y tranquilos.

Por prescripción facultativa:

Hoy toca un frasco de vitaminas de perdón. No cargues más en tu mente con esa persona capaz de despertar en ti al dragón que vive agazapado en tu cerebro, justo escondido en la amígdala.

Tómate unos minutos para cerrar los ojos, respirar profundamente y conectar con la energía amorosa de tu corazón. ¿No eres capaz de sentir tu energía amorosa? Piensa en un ser muy querido para ti. Imagina su abrazo. Con esa sensación de plenitud, trae a tu mente a esa persona a la que te cuesta perdonar y dile mentalmente: «A partir de hoy, me libero y te libero».

¿Te resulta difícil? Vuelve a sentir el abrazo de tus seres queridos. Conecta con tu corazón las veces que sean necesarias hasta que sientas que el perdón te libera y te encuentras en paz.

Para practicar, recomiendo un par de lecturas:

- *El libro del perdón*, de Desmond Tutu, donde se explica el camino para aprender a perdonar.
- *La sabiduría del perdón*, del Dalai Lama, que recoge la conversación entre Víctor Chan y el Dalai Lama. Explica cómo el perdón y la compasión nos liberan del sufrimiento. Una de las meditaciones que más me gusta es precisamente su meditación de la autocom-

pasión y la compasión a la que me refería hace un momento. Aprenderemos a meditar en el capítulo 9. Adelanto con gusto este pequeño aperitivo del Dalai Lama porque es una forma eficaz y sencilla de aprender a perdonar y, además, disminuir nuestros niveles de adrenalina en sangre, ya de por sí generalmente elevados.

Meditación de la autocompasión y la compasión

1. Adopta una postura cómoda. Cierra tus ojos y conecta con tu respiración.
2. Realiza tres respiraciones profundas y lentas desde el centro de tu corazón.
3. Fórmate una imagen mental de ti mismo sentado. Observa tu postura, como si te estuvieras viendo desde fuera. Siente las sensaciones de tu cuerpo.
4. Repite mentalmente la siguiente expresión:

Así como todos los seres desean ser felices, yo quiero ser feliz también.

5. Manteniendo la imagen de ti mismo sentado y sintiendo la bondad en el corazón, repite mentalmente y saboreando el sentido de cada frase:

- «Que yo sea feliz».
- «Que esté sano».
- «Que viva a gusto».

6. Si tu mente se distrae, respira y vuelve a tu corazón.
7. Una vez que logres sentirte bien contigo, elige a

una persona para desearle lo mismo (si no eres capaz de hacerlo con un enemigo, comienza por una persona neutral).

8. Imagina a esa persona y dile mentalmente: «Así como yo deseo estar en paz y libre de sufrimiento, que tú también encuentres la paz interior».

9. Mantén la imagen de esa persona en tu mente y repite saboreando las siguientes frases:

- «Que seas feliz».
- «Que estés sano».
- «Que vivas a gusto».

10. Si surge resentimiento o cualquier emoción negativa (odio, tristeza, cólera...), vuelve a repetirte las frases compasivas a ti mismo:

- «Que yo sea feliz».
- «Que esté sano».
- «Que viva a gusto».

11. Cuando te sientas mejor, prueba otra vez con la otra persona:

- «Que seas feliz».
- «Que estés sano».
- «Que vivas a gusto».

12. Cada vez que lo necesites, puedes retornar a ti mismo y volver luego a la persona hasta sentir amor, perdón...

13. Cuando creas que has terminado, siente que dejas marchar a la persona mientras le dices:

- «Que todos los seres seamos felices».
- «Que todos estemos sanos».
- «Que todos vivamos a gusto».

14. Finalmente, realiza cinco respiraciones profundas con plena consciencia y, en la última, abre suavemente tus ojos.

Y, sobre todo, no olvides que:

El perdón es un acto de voluntad, y la voluntad puede funcionar independientemente de la temperatura del corazón.

CORRIE TEN BOOM

8

EMPATÍA

Cuando te des cuenta de que lo que haces
a otros te lo haces a ti mismo, habrás
aprendido la gran verdad.

Lao Tsé

Entre finales de los años noventa e inicios del año 2000
viajé en cuatro ocasiones a Brasil. Tuve la oportunidad de
realizar varios talleres y cursos formativos con el doctor
Lair Ribeiro, un cardiólogo que, tras dos décadas investigando en varias universidades de Estados Unidos, se había
especializado en comunicación y desarrollo personal. En
mi afán por ampliar conocimientos, técnicas o herramientas para poder ayudar a mis pacientes, cualquier persona
que pudiera enseñarme algo útil se convertía en maestro.
De su mano descubrí la programación neurolingüística:
PNL, creada Richard Bandler y John Grinder, y el EMDR,
terapia de desensibilización y reprocesamiento por movi-

mientos oculares puesta en marcha por la psicóloga Francine Shapiro. Me parecieron dos temas fascinantes y regresé a casa lo suficientemente motivada como para seguir profundizando en ellos y convertirme en terapeuta. Una de las frases que me impactó en mi primer encuentro con Lair fue: «La vida es como un eco. Si no te gusta lo que recibes, presta atención a lo que emites».

No sé si el doctoro Ribeiro es el verdadero autor de la frase. El caso es que despertó en mí la curiosidad de comenzar a mirar dentro y estar más atenta a mis propias emisiones. Comencé a no buscar culpables siempre que las cosas no salían como yo esperaba. Cuando nos olvidamos de las expectativas, ¡zas!, surge la magia. No me refiero al truco de que aparezca una paloma dentro de una chistera, sino a nuestra capacidad de transformar la vida cotidiana en un lugar mucho menos hostil de lo que puede parecernos cuando miramos desde el miedo. Por aquel entonces, no había escuchado hablar de las neuronas espejo y, mucho menos, de las neuronas cardiacas. Claro que no hace falta conocer los detalles de nuestro increíble poder de influir sobre el entorno para que esta facultad comience a sorprendernos. Es tan sencillo como comprobar que si suelto un objeto que sostengo en la mano, este caerá al suelo, aunque yo desconozca la ley de la gravedad. Las cosas, los acontecimientos y las personas cambian cuando somos capaces de conectar con la energía amorosa de nuestro corazón. Al menos es lo que yo misma he podido comprobar. Enseguida comencé a encontrarme con sorprendentes coincidencias que a día de hoy siguen demostrándome la existencia de esa energía amorosa.

Podría contar muchas anécdotas donde la magia se disfraza de paciente que llega a urgencias. Para que esto ocurra desconozco la fórmula completa, pero hay un ingrediente imprescindible que está siempre presente. En cada encuentro donde se consigue una conexión transformadora entre el médico y el paciente nunca falta la empatía. No importa el motivo de consulta, ni el día de la semana, ni la estación del año, ni la hora a la que acude a urgencias. No influye la edad, ni su idioma materno, ni el sexo, ni el nivel cultural, la religión, el saldo de su cuenta corriente, sus aficiones... Ni siquiera dónde le duele ni la intensidad de ese dolor. Con empatía resulta mucho más sencillo que el paciente se sienta cómodo y abra su corazón. Además, este colabora mejor en la entrevista clínica, parece menos molesta la exploración, se implica más en el tratamiento y mejora siempre el ánimo, independientemente del diagnóstico, el pronóstico y el resultado del acto médico. Y lo que es más asombroso: esta transformación, que en ocasiones roza el milagro, revierte en el médico de forma fascinante. En ocasiones, un paciente es capaz de borrar de un plumazo el cansancio acumulado de toda una noche en urgencias y siempre aporta significado al trabajo del médico.

Voy a compartir una de mis últimas experiencias por lo que tiene de aparente coincidencia. Todas las personas que en plena ola pandémica han tenido que acudir al médico se han encontrado muchas veces con las puertas de los centros sanitarios cerradas a cal y canto, con teléfonos que no paraban de comunicar, con listas de espera de varias semanas para conseguir que algún facultativo les explorase y otro montón de obstáculos que convertían cada intento de consulta en una odisea. Muchos de esos pacientes comprobaron que la única puerta que siempre estaba abierta era la de urgencias, y era bastante habitual utilizar esta vía para muchos menesteres que podrían solucionarse de otra forma. Ese mismo caos salpicaba también a muchas otras instituciones, organismos y empresas. Yo había pasado la mañana intentando conectar con Iberia, la compañía aérea donde unos meses atrás había comprado los billetes para un vuelo que tenía pendiente. Con tantas restricciones, protocolos y dudas, no estaba muy segura de los requisitos para viajar al extranjero. En realidad, no sabía ni siquiera si ese vuelo en cuestión había sido finalmente cancelado. Quería arreglar el tema antes de irme de guardia y probé con más de una docena de diferentes teléfonos. La mayoría no funcionaban. Lo único que conseguí fue contactar con un contestador automático que repetía una y otra vez los mismos mensajes y, por supuesto, no aclaraba mis dudas. Quedaba poco más de una hora para irme a urgencias, y no paraba de marcar una y otra vez. Cada intento sin éxito iba aumentando mi enfado. En vez de abandonar y dedicarme a otras cosas, me dejé atrapar por esa espiral de frustración donde corres el riesgo de caer cuando discutes con un contestador automático. Imagina cómo estaban mis amígdalas cerebrales en esos momentos. La mayoría de las veces, suelo dedicar unos minutos a meditar antes de irme de guardia, pero en esa ocasión se me echó el tiempo encima y salí de casa despotricando contra las compañías aéreas, los aviones, los contestadores y hasta los viajes. Mi marido comentó: «¿Por qué no te aplicas alguna de esas técnicas que con tanto afán explicas a los demás?». Con lo cual, se dispararon mis niveles de cortisol. Mis ganas de refunfuñar aumentaron cuando llegué a urgencias y me encontré en la sala de espera a un nutrido grupo de personas que no habían podido solucionar sus cuitas en sus respectivas consultas.

Me esforcé en atenderlos rápidamente para poder seguir marcando la lista de teléfonos que justificaban mi enfado. Habían pasado más de dos horas y no conseguía al menos unos minutos libres para poder seguir llamando a la compañía aérea. Mi cerebro reptiliano echaba humo. El celador asomó por la puerta de la consulta.

—Ahí fuera hay una señora que quiere hablar con un médico. Dice que no es para ella, que es para su madre. Que ha estado buscando la forma de contactar con su médico de cabecera toda la mañana y no lo ha conseguido.

—Dile que su médico se marchó hace dos horas, que lo intente mañana.

Hasta tres veces entró y salió el celador con mensajes de ida y vuelta.

—Dice que no es de aquí y que tiene que marcharse, pero que antes de irse quiere dejar solucionado el tema.

—Yo también quise dejar solucionado un tema antes de venir a trabajar y aquí estoy, sin haberlo podido solucionar.

Como la perseverancia es una cualidad imprescindible para conseguir los objetivos, la señora en cuestión siguió insistiendo. Finalmente, accedí a atenderla.

—Buenas tardes, doctora. Le pido disculpas de antemano. Yo sé que lo mío no es una urgencia, pero créame que esta mañana he venido varias veces y no pude gestionarlo.

—Dígame en qué puedo ayudarle.

Ella permanecía de pie, como indicando que no quería

hacerme perder un minuto más allá de lo imprescindible. Yo sonreí también al ver su sonrisa, se activaron mis neuronas espejo, y la invité a tomar asiento. Se sentó al borde de la silla, sin apenas apoyarse. Me llamaron la atención su elegancia y su exquisita educación. La espera y las negativas iniciales no habían conseguido difuminar un ápice su gesto amable y tranquilo.

—Mi madre necesita un certificado médico y, como tiene problemas de movilidad, he venido yo. No vivo aquí. Me he desplazado desde Madrid solo por el certificado. Para mí es muy importante conseguir ese documento.

Me di cuenta de que había cargado mi frustración a modo de mochila invisible antes de salir de casa. Con todos los pacientes que encontré al llegar a urgencias, no había tenido tiempo de hacerme la pregunta que habitualmente me repito antes de encender el ordenador, acceder al registro de pacientes y colocarme la bata: «Te espera una jornada completa de trabajo, elige cómo quieres atender a los pacientes».

Paré un instante, tomé una inspiración profunda y me dije mentalmente: «Sin duda, el amor es la mejor medicina».

Mientras ella seguía relatando su problema, se apagó mi cerebro reptiliano y se activó el cerebro empático. Como por arte de magia, mi enfado se disolvió. Comencé a escuchar con atención y dispuesta a ayudar. Comprendí su insistencia en hablar conmigo, la impotencia de no saber qué hacer para conseguir su propósito y su cansancio de haberlo intentado sin éxito. Me sorprendió que, a pesar de todo, pudiera explicarme la situación con amabilidad.

—Deme los datos de su madre, voy a firmarle el certificado. A mí también me gustaría conseguir que un médico lo firmara si quien lo necesitara fuese mi madre.

—No sabe cuánto le agradezco su ayuda. He viajado expresamente por el documento y para mí es muy importante dejarlo todo listo. Con el contratiempo de no encontrar al médico indicado no sabía qué hacer.

Enseguida se relajó, apoyó su espalda sobre el respaldo y me facilitó los datos necesarios. Seguimos charlando varios minutos. Cuando se disponía a marcharse, estrechó mi mano muy agradecida y me dijo:

—Soy Alicia Hisado, trabajo en Iberia. Estoy a su disposición por si algún día pudiera serle útil.

—¿Cómo dice? ¿Algún día? ¡Ahora mismo!

Le relaté mis intentos frustrados de contactar con la compañía aérea durante toda la mañana. Nos echamos a reír. No dudó en facilitarme una lista actualizada de teléfonos. Respondió amablemente a todas mis dudas. Por un momento, hasta olvidé que estaba en urgencias. Tenía la impresión de estar charlando con una de esas personas especiales que iluminan la estancia dondequiera que estén. Yo había comprendido su cansancio de tanto ir y venir sin conseguir el certificado en cuestión y ella adivinó enseguida mi frustración por tanto telefonear sin éxito. Al final, nos despedimos con un abrazo a pesar de estar en plena pandemia. Lo mejor de todo es que a día de hoy somos buenas amigas y está pendiente de mis viajes si necesito tomar algún vuelo. Una vez más, la vida cotidiana supo sorprenderme con instantes mágicos. Si no hubiera logrado enfriar mi enfado con una dosis de empatía, no se habrían dado las circunstancias para este tipo de sincronicidades. Casi todos los encuentros que mejoran nuestro paso por la vida llegan inicialmente de la mano de la empatía.

En la consulta, como en la vida misma, siempre me resulta fascinante poder sumergirme en el estado emocional del otro sin necesidad de naufragar en él. Y en la vida, pero sobre todo en la consulta, agradezco sinceramente que el otro sepa comprender también cómo me siento yo.

> **Recuerde que su percepción del mundo no es más que un reflejo de su estado interno.**
>
> ECKHART TOLLE

¿Tenemos un espejo dentro del cerebro?

No hay ninguna duda de que somos capaces de reconocer las acciones y estados de ánimo de los otros, y esta facultad es imprescindible para nuestra supervivencia. ¿Cómo lo hacemos? Hasta principio de los años noventa no sabíamos responder a esta pregunta. Desconocíamos la existencia en nuestro cerebro de estructuras que actúan a modo de espejo, es decir, reflejando lo que ven: las neuronas espejo. Esta red especular es la responsable de nuestra capacidad de reconocer, imitar, adivinar intenciones y emocionarnos con los otros.

Las neuronas espejo son neuronas motoras que responden a estímulos visuales. ¿Cómo? Se activan cuando vemos un gesto o movimiento que corresponde a lo que la neurona codifica. Por ejemplo, la neurona de «agarrar un objeto» se activa si observo que tú agarras algo, aunque mi mano permanezca inmóvil. Es decir, mi cerebro repite lo que tú estás ejecutando. Este mecanismo es puramente fisiológico: mi cerebro responde de forma inmediata sin que tenga que intervenir la mente. ¿Cómo? Si veo que tú tomas un vaso de agua, mi cerebro activa dos vías diferentes: las neuronas espejo «toman agua» sin buscar explicación al hecho. Con la lógica mental, interpreto que tomas agua porque tienes sed. Posiblemente, este es el mecanismo sobre el que se apoyan los anuncios publicitarios que nos empujan a consumir: veo a alguien beber un refresco, conducir un automóvil, montar en bicicleta... y tiendo a repetir esos gestos.

Estas neuronas especulares nos informan de:

- Intenciones
- Emociones

Constituyen el sustrato neuronal de funciones cognitivas como la observación, la imitación y la recreación de las acciones en la organización y aprendizaje de un movimiento. Además, se ha comprobado que estas neuronas participan en la comprensión de conductas, sentimientos y emociones de los otros, sobre todo las neuronas espejo del sistema límbico del hemisferio derecho.

Su descubrimiento, como muchos otros hallazgos científicos, se produjo de forma casual a finales de los años ochenta mientras el doctor Giacomo Rizzolatti, premio Príncipe de Asturias en 2011, estaba investigando con monos macacos propiedades visuales en el sistema motor.

Uno de los neurólogos de su grupo se fijó en la actividad de algunas neuronas motoras asociadas a movimientos prensiles en uno de los monos, que estaba observando cómo el investigador tomaba un objeto con la mano. Lo llamativo fue comprobar que el animal permanecía inmóvil. Una vez que la neurona codificaba el movimiento prensil, se activaba cuando el mono realizaba el movimiento y, además, cuando observaba al investigador realizar el movimiento.

Para comprender por qué una neurona motora tiene una función diferente, he tenido la suerte de escuchar al doctor Rizzolatti explicando este fenómeno en un par de interesantes conferencias, y él mismo reconoce que, en el momento del experimento, esta observación le resultó confusa porque no entendía el hecho de que las neuronas motoras se activaran sin generar movimiento alguno. Su equipo comprobó la existencia de neuronas motoras con otra función. Ante un movimiento, hay neuronas que codifican la precisión del movimiento y otras neuronas se interesan por la finalidad del movimiento.

Del espejo del mono al espejo humano

En esos años, nació el concepto de *Brain imaging* (imágenes cerebrales) y se creó un grupo internacional de investigadores para estudiar estos fenómenos en el ser humano. Se comprobó que existían sistemas neuronales con propiedades similares a las neuronas espejo identificadas en los primates y en localizaciones anatómicas similares. La observación comenzó a tener un significado muy importante para entender las relaciones sociales. Se llegó a la conclusión de que estas neuronas motoras tienen además funciones no motoras relacionadas con la comprensión de las acciones de los demás. Se reconocieron dos redes neuronales importantes: una situada en el sistema parietofrontal y la otra, en el sistema límbico.

Actualmente, se sabe que estas neuronas se activan no solo al observar acciones motoras, también cuando se escuchan frases que describen la realización de acciones usando las manos, la boca o las extremidades, o incluso cuando el individuo las imagina. Estas estructuras nerviosas no solo se implican en la función social de entender las intenciones de los demás, sino también de comprender sus sentimientos y emociones. Son las neuronas de la empatía, la capacidad de identificarnos con el estado de ánimo del otro.

¿Hay diferencias entre el mecanismo especular del mono y el del ser humano? El mecanismo en sí es similar, la única diferencia es que el ser humano puede además reproducir movimientos que no implican acción. Por ejemplo, elevar la mano sin ningún fin concreto. Esta es la base de la imitación. El ser humano aprende por imitación. Los bebés primates pueden reproducir gestos a través de la mímica, pero no aprenden por imitación como los bebés humanos. Los niños aprenden sobre todo por imitación.

A nivel de imitación y aprendizaje, se realizó un experimento muy interesante con jóvenes y acordes de guitarra: cuando el joven observaba el acorde e imitaba la postura de los dedos se activaba el sistema espejo parietal motor, pero cuando el joven quería aprender a tocar la guitarra, se activaba el lóbulo pre-frontal a modo de disparador para el aprendizaje. Posiblemente, esta observación explica por qué los niños aprenden por imitación y los primates no.[32]

¡Ojo! Aunque tengamos neuronas espejo que puedan repetir la acción, hay otro mecanismo importante en el lóbulo prefrontal que nos ayuda a decidir entre «hazlo o no hazlo». Gracias a él no estamos imitando a todas horas los movimientos que realizan las personas que nos rodean.

¿Qué es la empatía?

Es la habilidad no solo de reconocer y comprender los estados mentales y emocionales de los demás, sino la capacidad de posicionarnos emocionalmente en lo que creemos que el otro está sintiendo y responder de forma adecuada. No es exclusiva del ser humano, pero resulta imprescindible para las relaciones humanas, puesto que toda nuestra vida implica contextos sociales complejos. Imagina por un momento a una presentadora de televisión dando una noticia triste mientras su cara expresa alegría o acabando las frases entre risas.

Todos los seres humanos localizamos el sentimiento en la ínsula, esa parte del cerebro que, como vimos en el primer capítulo, comunica todas las estructuras cerebrales entre sí y además actúa de puente entre corazón y cerebro. El doctor Rizzolatti, junto con el doctor Vittorio Gallese, también de la Universidad de Parma, el doctor Chistian Kaysers en Holanda y algunos otros colaboradores, comprobaron con la ayuda de resonancias magnéticas funcionales que en la ínsula se activan las mismas neuronas cuando yo estoy disgustado que cuando veo a alguien disgustado, aunque yo esté contento.[33]

Con la ayuda de algunos neurocirujanos, se comprobó otro proceso llamativo: existe una zona cerebral que bajo estimulación eléctrica provoca la risa de forma automática. Esa misma zona se activa sin necesidad de estimulación eléctrica cuando se observa la risa de otra persona.

¿Qué significa esto? Se demostró que la empatía es un proceso muy diferente al cognitivo. Una cosa es entender intelectualmente y otra, muy distinta, entender empáticamente.

¿Es lo mismo empatía que contagio emocional? Con la empatía comprendo la emoción de la otra persona, pero soy capaz de distinguir entre lo que ella siente y lo que yo siento.

Con el contagio emocional se borran las fronteras: mis sentimientos se confunden con los del otro y no soy capaz de distinguirlos. Mis emociones se mimetizan con las emociones del otro. Este contagio de emociones es muy frecuente entre niños, no tienes más que observar lo que ocurre en una guardería cuando uno de los chiquillos comienza a llorar o visitar la sala de espera pediátrica y contemplar las caras de los niños cuando alguno rompe en llanto.

¿La empatía es innata o adquirida? Aunque existen dos corrientes, una que afirma que es totalmente innata y la otra que es adquirida, en realidad no deberían ser posturas encontradas porque la empatía presenta ambos componentes.

Un bebé nace con un determinado patrimonio de neuronas espejo que le resultan muy útiles para interaccionar con el entorno, especialmente comunicarse con su madre. Si un recién nacido oye el llanto de otro recién nacido, llora de forma empática, aunque esté confortable. Si hay varios bebés, todos lloran a la vez. A pesar de que hay neuronas espejo desde el nacimiento, el bebé necesita muchos estímulos emocionales para que su proceso de socialización sea normal. Hay un triste pero famoso ejemplo: los huérfanos de Ceaucescu eran bebés rumanos que, al quedarse sin padres, fueron internados en orfanatos. A pesar de que estaban bien alimentados, no había tiempo para expresarles afecto, y esto se tradujo en un llamativo número de casos de autismo entre estos huérfanos. Por eso, aunque la empatía sea innata desde el nacimiento, hay que fortalecerla con estímulos adecuados, sobre todo en la etapa prelingüística.

La empatía puede fortalecerse, pero también es posible bloquearla por fenómenos culturales, ideológicos, políticos, religiosos o sociales. ¿Bloquear la empatía? Esto explicaría los casos de genocidio en la Alemania nazi, Armenia, Ruanda, Camboya, el Congo Belga...

No es suficiente ser empático para ser buena persona. Empatía no es sinónimo de bondad. Desde la empatía puedo entender el sufrimiento del otro y actuar o no actuar en consecuencia. Si soy empático, soy capaz de acercarme a la mente del otro y adivinar sus emociones, pero lo que hago con esa información es independiente de ser empático.

> **Tener un cerebro inteligente no es suficiente, también necesitamos un corazón cálido.**
>
> Dalai Lama

Relación de las neuronas espejo con el autismo

Los déficits de actividad de las neuronas espejo en algunas de las regiones corticales del cerebro se han relacionado con algunos procesos que se caracterizan por ausencia de empatía en el paciente. El más estudiado hasta el momento ha sido el autismo.

A pesar de que el autismo engloba un amplio espectro de casos, desde pacientes muy inteligentes, como quienes tienen el síndrome de Asperger, hasta pacientes con un coeficiente intelectual muy bajo, en todos los casos se han comprobado dos características:

- Son personas insociables.
- Presentan un déficit de neuronas espejo.

La esencia del autismo es que el paciente no logra entender el comportamiento de los demás. Se ha constatado que en el autismo se rompe la capacidad inicial de producir movimientos y acciones motoras. ¿Qué significa esto? Que el niño autista no puede fortalecer su sistema de neuronas espejo. Si con estimulación temprana adecuada se favorece la formación de neuronas espejo en los bebés autistas, el pronóstico mejora. Para que esta estimulación sea posible se ha constatado la importancia de un diagnóstico precoz en todos los casos de autismo.

¿Cuándo sería deseable realizar el diagnóstico? En el primer año de vida. Si habitualmente el médico efectúa el diagnóstico de autismo hacia los tres o cuatro años, ¿cómo adelantar la detección de un bebé autista? Observando que el bebé presenta un déficit motor. De esta forma, con un tratamiento precoz de estimulación emocional antes del primer año se pueden conseguir resultados muy favorables en el desarrollo de estos pacientes.

Por prescripción facultativa:

Vamos a trabajar el músculo de la empatía. ¿Cómo?

Al menos durante el día de hoy, esfuérzate en escuchar con atención a todas las personas con las que te relaciones. Procura no interrumpir. Pregunta con interés. No expreses tu opinión. Si no sabes qué decir, no digas nada, solo acompaña en silencio.

Precisamente este reconfortante y curativo gesto de acompañar en silencio lo he aprendido de mis perros: cuando intuyen que me siento triste, se sientan a mi lado y me regalan su presencia sin necesidad de palabras. Acompañar en silencio es un potente gesto curativo.

Como afirma Brené Brown, investigadora de la Universidad de Houston: «La empatía es escuchar, retener el juicio y comunicar ese mensaje increíblemente sanador de que no estás solo».

9

MEDITACIÓN

La vida solo está disponible en el presente.

Thích Nhất Hạnh

En mis primeras experiencias de meditación formal, confieso que era incapaz de cerrar los ojos y dejarme acompañar por la voz del maestro. «A ver si lo que pretende es hipnotizarnos a todos», decía para mis adentros mirando de reojo cada rincón de la sala sin poder evitar moverme. Durante aquellos retiros iniciales no conseguía relajarme en absoluto. Acumulaba intentos fallidos de permanecer serena y en silencio que solo servían para aumentar mi inquietud. A pesar de la ausencia de sonidos externos, mi voz interna parecía esperar a que cerrara los ojos para hacerse cada vez más ruidosa. «Con tantos asuntos pendientes, ¿para qué perder el tiempo permaneciendo inmóvil?». Cuanto más me esforzaba en sentir calma, más cuesta arriba se me antojaba sobrellevar la práctica de quietud y silencio. A pesar de eso, quería experimentar y me aferré a la actitud que recomiendan los maestros: acercarse a la experiencia desde la mirada de un niño.

El proceso se pareció mucho a lo vivido de adolescente mientras aprendía a tocar la guitarra. Yo quería interpretar el *Capricho árabe* de Francisco Tárrega desde los primeros acordes y me frustraba a cada momento porque desafinaba en todos los intentos. Mis manos eran torpes y los arpegios nada tenían que ver con los originales. Como la motivación era grande, repetía una y otra vez, a pesar de no conseguir arrancar al instrumento un triste do sostenido mayor sin que sonara metálico. Con la práctica, justo cuando estaba a punto de tirar la toalla, mis dedos adquirieron la destreza necesaria para que las cuerdas vibraran sin vacilar. Me pareció sorprendente y mágico. La misma sensación tuve con la meditación, que comenzó a transformar mi vida hace ya más de veinte años. Por supuesto, la he integrado en el ejercicio de la medicina. Quizá sea más justo decir que no hay que esforzarse en integración alguna. El cambio se realiza de forma progresiva tanto a nivel personal como profesional. Actualmente, recuerdo con una sonrisa a algunos compañeros que hacían comentarios chistosos como «ahí viene la doctora zen», no sin cierto pitorreo y, a veces, llegando a rozar el sarcasmo. No obstante, me llamaban cada vez que algún paciente llegaba a urgencias en plena crisis de angustia e, incluso, ellos mismos entraban en mi consulta en momentos de bajón reclamando ayuda: «Hazme alguna de esas relajaciones que tú haces, pero que no se entere nadie de que te lo he pedido».

¿Qué es meditar?

Creo que hay tantas definiciones como escuelas y maestros. De todas las interpretaciones, la que más se acerca al contenido de este libro es la del filósofo y líder espiritual Jiddu Krishnamurti: «La meditación es el movimiento del amor».

En realidad, la meditación puede ser:

1. Una técnica: consiste en realizar una práctica meditativa unos minutos al día. Cerrar los ojos, adoptar una postura adecuada y practicar cualquier meditación que hayamos elegido. La técnica es sencilla, lo difícil es tomar la determinación de sentarse todos los días y ser constante. Podemos leer muchos libros sobre el tema, pero si no lo experimentamos es como almacenar en la estantería varios volúmenes sobre cocina y creernos ya chefs de renombre sin haber pasado antes por los fogones.

2. Una actitud: es la capacidad de mantener la presencia en la rutina cotidiana. Dice Pablo D'Ors, el autor de *Biografía del silencio,* que: «La vida se hace de momentos de presencia».

Como veremos a lo largo de este capítulo, lo importante no es cerrar los ojos y meditar formalmente, sino ser capaz de afrontar los problemas del día a día desde la calma, la compasión y la tolerancia. Hagas lo que hagas, hazlo en contacto contigo y sintiendo tu cuerpo. Cuando somos conscientes de lo que estamos haciendo, descubrimos que dentro de nosotros hay un centro de quietud. Lo veremos un poco más adelante cuando hablemos de los huracanes. Lo resume muy bien Mingyur Rinpoché, el autor de *La alegría de vivir*:

> Los pensamientos y emociones que experimentamos cambian constantemente y son solo una pequeña parte de nuestro ser.
>
> En cada momento, tenemos la oportunidad de conectar con una Conciencia Atemporal que no se ve afectada en modo alguno por las condiciones variables de nuestra vida.

3. Un estado: el descubrimiento de nuestra *chispa divina* desde donde el mundo se contempla con una nueva luz. Es recuperar nuestra verdadera esencia. Esta forma de meditación ha constituido el pilar de las tradiciones contemplativas de prácticamente todas las religiones. Es un tema apasionante que en la tradición cristiana han descrito personajes como Hugo de San Víctor (siglo XI), el maestro Eckhart y su escuela mística alemana (siglo XIII), los místicos carmelitas santa Teresa de Jesús y san Juan de la Cruz (siglo XVI), san Macario y san Nicomedo con la filocalia (siglo XVIII) y Thomas Keating (siglo XX). No lo vamos a tratar por lo que tiene de extenso, pero voy a quedarme con una estrofa del poeta Jorge Oyhanarte que me parece especialmente hermosa:

Y es que somos parte de una misma cosa,
Somos ese santo... y aquel pecador,
Y somos la espina... y somos la rosa,
Y es nuestro destino ¡volvernos Amor!

Como yo me hacía un lío cuando me introduje en el campo de la meditación, daré unas pinceladas sobre las diferentes formas de practicar. La meditación puede ser formal o informal. La primera implica procurar un lugar tranquilo, cerrar los ojos, adoptar una postura meditativa y permanecer en silencio unos minutos. Es la práctica que todos asociamos al hecho de meditar. Sin embargo, se puede practicar de manera informal mientras realizamos cualquier tarea cotidiana, siempre que la llevemos a efecto con atención. ¿Atención? Efectivamente, atención plena o mindfulness.

La filósofa Simone Weil pensaba que: «La atención es la forma más rara y pura de generosidad».

La psicología acepta tres tipos de meditaciones formales:

1. Atencionales: incluyen todas las prácticas meditativas que implican prestar atención. Puede ser atender a un sonido, un mantra, un objeto, la respiración, masticar un alimento, caminar, oler una flor... El mindfulness forma parte de este tipo de meditación y vamos a tratar de entenderlo en este capítulo.

2. Generativas: meditar para conseguir aumentar nuestros niveles de compasión, aceptación o ecuanimidad. Sería un paso hacia delante en el camino del crecimiento espiritual. No se van a describir en este libro, pero si quieres profundizar, te recomien-

do leer *La práctica de la compasión*, del doctor Javier García Campayo, o *El camino de la compasión*, de Pema Chödrön.

3. Deconstructivas: meditar para aprender a percibir el verdadero yo como proceso hacia la auténtica iluminación. Es decir, alcanzar la meditación como estado. Tampoco son el objetivo de este capítulo. Puedes aprender más sobre estas prácticas meditativas con el libro *La meditación deconstruida*, del filósofo Juan Ignacio Iglesias, o *Vacuidad y no dualidad*, también del doctor Javier García Campayo.

—¿Es que no hay otros escritores, doctora?

—Hay otros muchos. Yo te recomiendo al doctor García Campayo por dos razones: es buen amigo mío y, sobre todo, es un estupendo maestro sobre estos temas porque suma a su práctica personal desde los quince años de edad su visión científica como médico psiquiatra y profesor en la facultad de Medicina de Zaragoza. Además, ha publicado más de trescientos estudios de investigación sobre meditación y es el director del máster de Mindfulness más antiguo en habla hispana.

Aproximación al concepto de mindfulness

Cuando oímos hablar de meditación es inevitable no pensar en monjes budistas con la cabeza rapada, en religiosas místicas de algún convento carmelita o en ascetas algo locos que huyeron del mundanal ruido y se marcharon a vivir al desierto. Al introducir las técnicas meditativas en el estilo de vida occidental, se comenzaron a utilizar términos como «atención plena», «conciencia plena» o «mindfulness». Estas expresiones hacen referencia a un estado que puede desarrollarse a través de la práctica de distintas formas de meditar. En realidad, la atención plena es la habilidad de estar presente y la meditación es una forma de conseguir esa habilidad, pero, a efectos prácticos, las vamos a considerar conceptos similares.

La ventaja es que estas acepciones no se relacionan con ninguna ideología ni religión específica. Sus beneficios son accesibles para cualquiera que quiera probarlos. De hecho, muchos de los colegas que antaño me miraban con escepticismo hoy se han unido a la práctica.

Al escuchar el término mindfulness se podría entender que lo que se busca es tener la mente llena. Es justo lo contrario. Consiste en hacer espacio en la mente, que habitualmente está repleta de pensamientos. Si observas los pensamientos, verás que siempre son los mismos y tratan sobre el «mí». Se busca vaciar la mente de esa prisión del ego para poder llenarla de la experiencia del momento. Algo similar a lo que me explicaba un monje de Myanmar mientras remendaba su túnica: «Creer que estamos separados del resto es una ilusión óptica. ¿Cómo salir de ahí? Apagando el ego desde el silencio».

El doctor Jon Kabat-Zinn adaptó, a finales de los años setenta, la meditación vipassana del budismo al campo de la medicina. Introdujo el concepto en el mundo occidental a través de un programa de reducción del estrés basado en la atención plena (REBAP) que permanece vigente cuarenta años después. ¿Qué novedad aportó este programa? La respiración. Aprender a vivir la vida respiración a respiración. Enseguida se comprobó su eficacia en otras ramas médicas, como tratamientos para el dolor, la ansiedad, los trastornos alimentarios, el abuso de sustancias, la depresión y algunos trastornos de personalidad.

El interés ha ido aumentando de forma exponencial. En la década de los noventa no me resultaba fácil encontrar estudios de investigación ni libros sobre mindfulness. Tampoco era sencillo asistir a retiros de meditación fuera de la India o países del Lejano Oriente. Ahora existen muchas publicaciones sobre el tema y se puede disfrutar de un retiro sin que sea necesario desplazarse a miles de kilómetros. Además, el mindfulness ya no se limita al mundo de la clínica médica y la psicoterapia, sino que ha comenzado a despertar interés para la investigación científica, la educación, la empresa, el liderazgo, el deporte, la alimentación, la política e incluso la población general.

A día de hoy, se distinguen tres campos muy definidos en los que el mindfulness resulta útil:

1. Papel terapéutico: aplicación en el tratamiento para mejorar patologías tanto físicas como psicológicas. Los doctores William van Gordon y Edo Shonin, con quienes pude charlar de forma animada en el V Congreso Internacional de Mindfulness, publicaron un artículo en el año 2015 para el *British Medical Journal* demostrando que hay suficiente evidencia científica como para aceptar los efectos beneficiosos del mindfulness en la mejoría de la salud física y psicológica. Ya lo intuía Platón: «Si quieres que la cabe-

za y el resto del cuerpo funcionen correctamente, es necesario sobre todo cuidar el alma».

2. Bienestar psicológico en la población general: se ha comprobado que al menos un tercio de la población mundial no consigue ser feliz. La práctica, en este caso, ayuda al bienestar emocional en la población sana. Como explica Daniel Goleman: «Mindfulness es el chaleco salvavidas de la inteligencia emocional».

3. Crecimiento espiritual: práctica del mindfulness como acceso al silencio místico. Es conseguir esa conexión con lo sagrado cuando somos capaces de apagar todo lo demás. La «noche sosegada, la soledad sonora o la música callada» que describe san Juan de la Cruz en su *Cántico espiritual*.

Aunque se puede definir desde diferentes puntos de vista, voy a compartir los conceptos aprendidos directamente de la mano de Jon Kabat-Zinn, con quien he tenido la suerte de disfrutar un nutritivo encuentro hace algunos años. Él definió el mindfulness como «la conciencia que surge de prestar atención, de forma intencional, a la experiencia tal y como es en el momento presente». Comienza siendo un entrenamiento mental para terminar convirtiéndose en un estilo de vida. ¡Casi nada!

¿Qué significa este aparente galimatías?

Como el mismo Kabat-Zinn resumió para explicarlo de forma más sencilla: «Simplemente parar y estar presente, eso es todo».

Se trata de aprender a cultivar la atención plena para integrar en nuestra vida cotidiana su poder sanador. No basta con adoptar una postura meditativa, seguir un manual de instrucciones y ponernos a pensar que algo ocurrirá. Cultivar la conciencia meditativa es poner el foco de atención en el presente. Puede resultar obvio saber qué es el presente, pero una cosa es saberlo y otra muy distinta es sentirlo. Cuando volamos en parapente o nos deslizamos sobre las olas del mar procurando mantener el equilibrio encima de una tabla, somos capaces de vivir con intensidad el momento. A nadie se le ocurre repasar la lista de la compra mientras disfruta de la experiencia de tirarse en paracaídas. Sin embargo, la mayor parte del tiempo, mientras ejecutamos las tareas cotidianas no prestamos atención. Solemos pensar en otras mil cosas. Llegamos al final del día sin apenas haber estado presentes. Es lo que se conoce como ese «marchar con el piloto automático» del que hablamos en el capítulo 1.

Automatizar procesos puede tener algunas ventajas a la hora de ahorrar energía, pero habitualmente, avanzamos entre las culpas del pasado y el miedo al futuro rumiando los mismos pensamientos. Olvidamos que el ahora es el único momento que tenemos realmente para vivir.

Mantener la atención en la experiencia presente implica observar los procesos mentales: sensaciones, emociones, pensamientos e impulsos. Se aceptan tal como son, sin juzgarlos y sin intentar cambiarlos. Si siento rabia, acepto la rabia sin pensar si es buena o mala y sin pretender que se transforme en alegría. Es decir, presto atención a lo que hay dentro sin maquillarlo. Sin eludir que encontraré luces y sombras y sin temor a abrazar a mis propios fantasmas. Durante el proceso, surgirán muchas distracciones y aflorarán las sombras. ¿Las sombras? Aquellos fragmentos de mi mente perfectamente escondidos que no quiero reconocer. Se instalan en la agenda oculta, esa parte de nosotros que aún no hemos traído a la consciencia y que sin embargo nos influye. Como afirma la psicóloga Ciara Molina: «El camino hacia la consciencia es el autoconocimiento». A medida que profundice, comprobaré con sorpresa que tanto las distracciones como las sombras son cada vez menos. Además, a base de familiarizarme con mis sombras, aprenderé a lidiar con las sombras de los demás. Lo explicó muy bien el psiquiatra y fundador de la psicología analista Carl Gustav Jung: «Conocer tu propia oscuridad es lo mejor para aceptar la oscuridad de los demás».

También el doctor García Campayo ha escrito, junto con el doctor Marcelo Demarzo, profesor en la Universidad de São Paulo de Brasil, un tratado completo sobre el tema que reúne toda la evidencia científica publicada hasta 2018: *¿Qué sabemos del mindfulness?* Ambos autores afirman que cualquier definición sobre el mindfulness debe incluir cuatro conceptos:

1. Capacidad de atención: la persona debe estar centrada en el proceso.
2. En el presente: no es válido prestar atención al pasado o al futuro.
3. Intencional: el mindfulness implica un ejercicio de voluntad, por lo menos en el inicio de la práctica, hasta que, con el tiempo, pase a ser un estado natural.
4. Con aceptación: abrirse a la experiencia sin juzgar.

¿Por dónde comenzar?

Por el silencio. Se trata de iniciar un viaje hacia dentro, hacia el interior de uno mismo. La puerta de entrada es el silencio. No estamos acostumbrados a él y nos resulta difícil porque, a veces, con el silencio sentimos vacío. No hay más que recordar la última vez que compartimos ascensor con algún desconocido. ¡Ojo! Es tan necesaria la ausencia de ruido externo como de ruido interno. ¿Qué es el ruido interno? El diálogo interno, esa voz de mi cerebro que no para de hablarme desde falsas verdades y actitudes equivocadas haciéndome sentir el ombligo del mundo, el «mí» que hemos conocido al inicio del capítulo. Es la «mente de mono» a la que nos referimos más adelante en este mismo capítulo.

Lo más difícil en la meditación es conseguir acallar la mente. Se puede hablar de cuatro tipos de silencio interno:

- *Corporal*: relajar el cuerpo y liberarlo de las tensiones y presiones que vamos acumulando día a día.
- *Mental*: disminuir poco a poco el ruido de los pensamientos. El soniquete interior de nuestro ego. Uno de los mejores anclajes para calmar la mente es prestar atención a la respiración. Solo se puede respirar en el presente.
- *Emocional*: no se trata de buscar la solución de nuestros problemas durante la meditación. El silencio emocional consiste en aceptar las emociones sin pretender cambiarlas. Si sabemos esperar, el agua se aclara, como dice un cuento tibetano que me gusta mucho, y que puedes leer al final del capítulo.

- *Místico*: al que se refería san Juan de la Cruz con su «soledad sonora». Se experimenta al transcender el yo.

Es recomendable que la duración del espacio de silencio sea correlativa a la edad: dos años de edad indican dos minutos de silencio; cinco años de edad, cinco minutos de silencio; diez años, diez minutos de silencio... Y a partir de los cuarenta años, como mínimo veinte minutos al día de silencio.

—¿No es demasiado pronto para un niño pequeño practicar mindfulness?

—Los niños son verdaderos maestros en vivir el presente y disfrutar de las experiencias. El diálogo interno forma parte del ego y no suele aparecer hasta los siete años.

En 2014 se corroboraron varios estudios que demostraban un aumento en la capacidad para aprender y para manejar el estrés en los niños que practicaban mindfulness.[34]

¿Cómo consigo permanecer en silencio?

Lograr el silencio externo es fácil: procuro un lugar tranquilo y, sobre todo, apago el móvil. Para el silencio interno, cierro los ojos y comienzo prestando atención a la respiración. Sin forzarla ni dirigirla, solo haciéndome consciente de la respiración.

Para conectar con el interior, lo más indicado es repasar las sensaciones corporales. ¿Qué siento? ¿Dónde lo siento? Y cada vez que un pensamiento desvíe mi atención, conecto de nuevo con la respiración. La respiración es un estupendo punto de anclaje. ¿Aparecen pensamientos? No es necesario luchar contra ellos, los dejo pasar, como si se tratara de semillas vegetales mecidas por el viento. En pocos minutos notaré que mis cavilaciones se apaciguan sin necesidad de luchar contra ellas y el espacio entre un pensamiento y otro es cada vez mayor. Como dice Kabat-Zinn: «Si estás respirando significa que estás vivo, y si respiras y estás vivo quiere decir que hay más bien en ti que mal, y es a través de ese bien que uno puede hacer algo».

Cuando un paciente acude a consulta, los médicos siempre realizamos tres preguntas que teóricamente deben formar parte de una correcta anamnesis:

—¿Qué le ocurre?

—¿Desde cuándo le ocurre?

—¿A qué lo atribuye?

En los primeros encuentros con mis maestros de mindfulness no pude evitar recordar mis experiencias con el chamán de la Amazonía peruana. Cuando venía a visitarle algún enfermo siempre hacía las mismas preguntas:

—¿Cuándo dejaste de cantar y bailar?

—¿Cuándo dejaste de llorar?

—¿Cuándo dejaste de saborear el silencio?

Esta última pregunta también sirve para el mindfulness: «¿Cuándo dejaste de saborear el silencio?».

Y, sobre todo, una pregunta clave: «¿Cuándo dejaste de respirar?».

No es preciso viajar al Amazonas para evitar cargar con nuestros traumas mentales hasta la tumba. Con la práctica del mindfulness podemos volver a bailar y a cantar y, sobre todo, entender que el presente es el único retazo de tiempo que tenemos para disfrutar de la vida. El maestro tibetano Chögyam Trungpa Rinpoché lo resume de forma magistral: «La meditación no es una cuestión de tratar de alcanzar el éxtasis, la dicha espiritual o la tranquilidad, ni es intentar ser una mejor persona. Es simplemente la creación de un espacio en el que podamos exponer y deshacer nuestros juegos neuróticos, nuestros autoengaños, nuestros miedos y esperanzas ocultos».

¿Eso es todo?

Uno de mis maestros y amigo, Fernando Álvarez de Torrijos, que fue director de Programas Mindfulness en el departamento de Psiquiatría de la Escuela de Medicina de la Universidad de Massachusetts y es actualmente director de REBAP Internacional, cuando se refiere al mindfulness no se cansa de repetir: «Se trata de encontrar tu joya interna haciendo todos los días tres preguntas: ¿Quién soy? ¿Qué hago aquí? ¿Hacia dónde voy?». Esta «joya» representa la conexión con nuestra parte más sagrada, de la que hemos hablado al referirnos a la meditación como estado o citar el silencio espiritual. Es la capacidad de descubrir nuestra propia belleza interior y, de paso, ser capaz de encontrar también la belleza de los demás.

Con Fernando aprendí que todos podemos llegar a ser un huracán ante las presiones de la vida cotidiana, pero la buena noticia es que, con la práctica del mindfulness, es posible hallar nuestro punto de quietud. ¿Y dónde se encuentra la calma en mitad de un viento huracanado? Justo en el interior se forma un espacio de vacío. Es lo que se conoce como ojo del huracán. Desde el ojo, se puede ver el cielo despejado. La meditación como actitud nos ayuda a conectar con nuestro «ojo del huracán». Hay dos laboratorios donde investigar:

- El interior (pensamientos, emociones, sentimientos e impulsos. Indaga cómo respondes si un conductor se salta un ceda al paso, por ejemplo).
- El entorno (familia, trabajo, amigos... Observa cómo te sientes ante cualquier provocación).

Como ves, la receta es fácil. Lo complicado es cumplir los dos requisitos que nombramos al inicio del capítulo:

1. Tomar la determinación de practicar: sentarse en silencio al menos unos minutos todos los días para cerrar los ojos y prestar atención al presente. Ya hemos visto que la forma más sencilla es prestar atención a la respiración.
2. Ser constante: lo bueno es practicar todos los días. Lo contrario es como querer mantenerse en forma yendo al gimnasio una vez cada dos o tres meses. Si al principio te resulta difícil permanecer en silencio treinta minutos seguidos, comienza con regalarte breves espacios de cinco o diez minutos varias veces al día.

¿Cuáles son los soportes para practicar?

En su libro *Vivir con plenitud las crisis*, Kabat-Zinn describe siete actitudes básicas sobre las que trabajar para practicar la atención plena:

1. No juzgar: decía Teresa de Calcuta que «si juzgas a las personas, no tendrás tiempo de amarlas». Pasamos la vida clasificando y etiquetando las cosas, los hechos, las situaciones y las personas. Estos juicios nos dificultan encontrar la paz interior. Con la atención plena reconocemos la mente que juzga y aprendemos a observar de forma imparcial. Cuando comenzamos a practicar, somos incapaces de evitar juicios incluso de nuestra propia experiencia. El secreto es observar nuestra práctica como si fuéramos un testigo neutral. Cada vez que nos sorprendamos emitiendo un juicio sobre «esto es bueno o eso es malo», nos recordaremos que nuestra única misión es observar. Así, comenzando por nosotros mismos, iremos aprendiendo poco a poco a evitar nuestro arraigado papel de actuar de jueces en todas las situaciones, hechos y personas que nos rodean.

2. Ser paciente: primero tenemos que procurar ser pacientes con nosotros mismos. La paciencia es una forma de sabiduría. Por mucho que nos empeñemos en acelerar el crecimiento de una planta, el paso de una crisálida a mariposa o el parto de una madre gestante, cada proceso requiere su tiempo. Con la práctica de la atención plena aprendemos a no impacientarnos por obtener resultados rápidos y concretos. Como escribió Teresa de Jesús: «La paciencia todo lo alcanza».

3. Mente de principiante: es imprescindible asomarse a la experiencia con los ojos de un niño que descubre el mundo y mira con asombro, con la mente abierta, sin paradigmas previos. La causa funda-

mental de que al crecer perdamos nuestra capacidad de asombro es que miramos desde la costumbre. La mayoría de las veces observamos la vida desde nuestra mente de «a mí nadie me puede enseñar nada porque yo ya sé todo lo que hay que saber sobre esto» y solo vemos un sombrero donde el Principito ha dibujado una boa que se ha tragado a un elefante. De esta forma, nos perdemos la magia de la vida cotidiana. Una cita de Walt Streightiff nos puede ayudar a reflexionar sobre la capacidad de asombro: «No hay siete maravillas del mundo a los ojos de un niño. Hay siete millones de maravillas». Siempre es posible recuperar esta forma de asomarnos al mundo si activamos nuestro hemisferio derecho, como vimos en el capítulo 1. Al aprender algo nuevo, trabajamos sobre todo desde este hemisferio. A fuerza de repetir lo aprendido, comenzamos a trabajar desde el hemisferio izquierdo, que no deja lugar al asombro ni a la creatividad.

4. Confianza: justo la que yo necesitaba cuando abría el rabillo del ojo y miraba de soslayo para comprobar que no trataban de hipnotizarme en mis primeras meditaciones guiadas. Cuando aprendo a confiar en mí, aumenta la confianza en los otros. Es importante ser uno mismo y creer en que se está en el camino correcto. Trabajar la autoconfianza implica no engancharse de forma ciega a un maestro, a un libro o a un audio de meditación. Es saber conectar con la sabiduría de mi propio corazón, o como diría Jiddu Krishnamurti, entender que «la intuición es el susurro del alma».

5. Olvidar las expectativas: prestar atención a lo que ocurre sin intentar meditar con el único propósito de conseguir un resultado concreto. En el momento en el que practicamos la meditación con la finalidad de conseguir relajarnos o sentirnos más plenos, automáticamente perdemos la esencia del mindfulness, que es prestar atención a lo que ocurre. Con una práctica regular, los objetivos se consiguen por sí mismos. Lo resume muy bien Amit Ray: «Si quieres dominar la ansiedad de la vida, vive el momento, vive en la respiración».

6. Aceptación: es necesario asumir las cosas tal cual son en el momento presente y no pretender cambiarlas. Para llegar a esta etapa, hay que superar antes los períodos de negación y de ira, facetas que forman parte de nuestra propia sombra. La negación, la rabia, el miedo y la tristeza, como aprendimos en el capítulo 5, son emociones previas a la aceptación y también forman parte del proceso de sanación. Solo cuando aceptamos se producen los cambios. ¡Ojo! Aceptación no es resignación.

Hay una frase del Dalai Lama que me repito muy a menudo cuando tengo que atravesar por alguna situación adversa: «Nada nos hace perder tanta energía como luchar contra una situación que no podemos cambiar».

7. Dejar ir: si no exhalamos el aire que inhalamos no podemos seguir respirando. Para recibir, es imprescindible aprender a vaciarse antes. ¿De qué me tengo que vaciar? De mis apegos, de mis juicios, de mis paradigmas, de mis miedos y mis etiquetas.

Con la meditación aprendemos a soltar pensamientos, ideas y sensaciones que nos impiden avanzar. ¡Ojo! El desapego no es indiferencia. Lo define de forma acertada Ron W. Rathbun: «El verdadero desapego no es la separación de la vida, sino la absoluta libertad dentro de tu mente para explorar la vida».

8. Compromiso: sin práctica no hay meditación. Es fundamental adquirir el compromiso de practicar y practicar. En la clínica de reducción de estrés fundada por Kabat-Zinn se exige a todos los pacientes el compromiso de practicar diariamente durante las ocho semanas que dura el programa: «No tiene por qué gustarte, solo lo tienes que hacer». Ese mismo compromiso de práctica lo adquieren todos los profesionales de la salud que pasan por la clínica para que la meditación forme parte esencial de sus vidas antes de comenzar a trabajar con los pacientes.

¿Cómo empezar? Al principio, puede parecer complejo. Hay una buena noticia: no es necesario estar atento a todas esas actitudes a la vez. Es suficiente con pararnos y respirar. Las actitudes irán apareciendo poco a poco sin necesidad de hacer nada. La respiración es una forma estupenda de meditar... ¿Estás respirando? En el momento en el que sabes que estás respirando, ¡ya estás meditando! Te invito a que practiques un par de minutos en este preciso instante: presta atención a tu respiración sin forzarla. Simplemente, inhala y exhala. Si surgen pensamientos, no luches contra ellos. Solo respira. Al principio, quizá no consigas respirar de manera consciente más de dos o tres veces. No importa. Este tipo de meditación es como hacer ejercicio para la mente. Igual que si vas al gimnasio consigues músculos fuertes, con la respiración consciente nuestra mente se vuelve más saludable, más clara, más calmada y flexible. ¡Casi nada!

Algunos pacientes me cuentan que en cuanto escuchan la palabra meditar, sus pensamientos se multiplican incluso antes de cerrar los ojos. Es lo que se conoce como «mente de mono»: la mente no para de saltar de un pensamiento a otro, igual que el mono brinca de rama en rama. Son los pensamientos en racimos: de un pensamiento inicial se generan muchos más. Como cuando tiras de una cereza y salen cien. Es ese bla, bla, bla interno que nunca parece callarse. A esta mente de mono le encanta trabajar creando muchos problemas. ¿Estás un poco preocupado? La mente de mono trabajará en aumentar esa preocupación y hacer una montaña de un grano de arena. ¿Cómo lidiar con esta mente de mono? Si intentas controlarla, se volverá enemiga y creará más pensamientos. Lo mejor es darle trabajo a tiempo parcial. Pídele que observe la respiración, que escuche el sonido de la lluvia, el murmullo del mar, el canto de un pájaro, que repita un mantra o que observe tu cuerpo. Si prestas atención a las sensaciones corporales, la mente de mono se apaga. En realidad, es darle ocupación al cerebro izquierdo para que, con sus juicios y etiquetas, no interrumpa al cerebro derecho que sabe meditar por sí mismo.

¿Qué ocurre en el cerebro cuando se practica la atención plena?

Lo resume muy bien Matthieu Ricard, quien, tras doctorarse en genética molecular en Francia, se hizo monje budista y se trasladó a vivir al Himalaya. Es miembro activo del Mind and Life Institute, una organización que contribuye a la investigación sobre el efecto de la meditación en el cerebro. En el año 2003 participó, junto con otros monjes budistas, en un estudio del Laboratorio de Neurociencia Afectiva de la Universidad de Wisconsin para observar el cerebro en estados de meditación. Ricard consiguió el nivel más alto de actividad registrado hasta hoy en la corteza prefrontal izquierda, área asociada a las emociones agradables.[35] Este resultado lo dio a conocer como «el hombre más feliz del mundo». Cuando le preguntaron en qué estaba pensando durante el experimento, él explicó que simplemente estaba meditando: «Meditación no es sentarse bajo un árbol. Es cambiar por completo tu cerebro, y, por lo tanto, cambiar lo que eres».

Uno de los grandes avances de la neurociencia ha sido descubrir las diferentes redes neuronales (las conexiones entre neuronas que describimos en el capítulo 1) que se activan según el estado de la mente:

1. Mente en modo HACER:
   Es la mente centrada en los PENSAMIENTOS. Con diálogo interno generado por el ego. Esa voz que divaga sin parar y resulta difícil de apaciguar, como vimos cuando

hablamos del silencio. Cuando nos encontramos en este modo, miramos el mundo desde «Me gusta», «No me gusta» o «Me es indiferente». Buscamos sin tregua aquello que nos gusta, que es el origen de los Apegos, y procuramos poner distancia con lo que no nos gusta. Escapar de forma constante es el origen del sufrimiento humano. Se produce el trastorno de evitación experiencial: a fuerza de evitar a toda costa los pensamientos, emociones o pensamientos negativos, no es posible disfrutar de la vida. Es el «No puedo trabajar bien si no soy feliz», «No volveré a tener perro porque se va a morir», «No puedo buscar pareja porque voy a sufrir»... Cuando me sorprendo a mí misma rumiando pensamientos de este tipo, me ayuda recordar una frase de Chavela Vargas: «No tengas miedo de amar, verterás lágrimas con amor o sin él».

2. Mente en modo SER:

La mente se centra en las sensaciones. Es el estado mental que se genera con la práctica de mindfulness en la que, como estamos aprendiendo, el foco cognitivo consiste en aceptar y vivir la experiencia sin juzgar y sin pretender cambiarla. Se apaga el diálogo interno. Se vive el presente y la emoción de bienestar puede llegar a ser sublime. Se generan tres estratos de atención:

- Sensaciones corporales (frío, calor, tensión...).
- Experiencias emocionales (el cuerpo tiene memoria y cualquier incidente que tuvo el suficiente impacto como para condicionar la mente, queda registrado en el cuerpo como una sensación).
- Estrato sutil de conexión con la vida (encuentro con nuestra identidad sagrada). Posiblemente, en este

estado se encontraba Matthieu Ricard mientras registraban las redes neuronales de su cerebro en el estudio con neuroimagen.

Con estos estudios de neuroimagen se ha conseguido comprobar que la meditación produce cambios estructurales en el sistema nervioso. Algunos de estos cambios aparecen relativamente pronto tras la práctica meditativa. Hölzel y colaboradores[36] constataron que meditar veintisiete minutos al día durante solo ocho semanas originaba cambios anatómicos en:

- Hipocampo
- Unión témporo-parietal
- Cíngulo posterior
- Cerebelo

La meditación aumenta la neuroplasticidad, es decir, la capacidad cerebral para regenerarse.[37]

Meditar favorece la conexión entre las neuronas relacionadas con:

– El aumento de la conciencia en el momento presente.

– La disminución de pensamientos errantes y procesos autorreferenciales.[38]

Se incrementa la densidad de la materia gris en algunas zonas y este aumento nos permite adaptarnos mejor a nuestro entorno social.[39]

Se incrementa la conexión entre los lóbulos temporal y parietal, de esta forma, la compasión y la empatía.[40]

Hay tantos estudios sobre los cambios cerebrales que se consiguen con la práctica meditativa que necesitaríamos varios capítulos para ir desgranando uno a uno todos estos beneficios.

Podríamos resumir que la práctica del mindfulness activa en el cerebro las zonas que intervienen en el control de emociones, la planificación, la memoria, la creatividad y la atención. De esta forma, mejora nuestra capacidad para resolver problemas cotidianos y nos permite ampliar nuestro comportamiento adaptativo.

Como disminuye la activación de la amígdala, comenzamos a responder en vez de a reaccionar. Saber encontrar una respuesta adecuada implica crear nuevos circuitos cerebrales que activen regiones del neocórtex (el cerebro «inteligente»). Es necesario dejar atrás nuestros «furibundos secuestros amigdalinos», a los que me referí en el capítulo 4. Son los que nos empujan a saltar como reptiles desde regiones primitivas de nuestro cerebro porque salimos al mundo convencidos de que cualquier saludo esconde un ataque. Y en el contexto de una negociación, discusión o controversia, ¿con quién preferirías intercambiar impresiones? ¿Con un oponente empático que sabe escuchar de forma asertiva o con un dragón agresivo que echa fuego por la boca?

Se le preguntó a Buda:

—¿Qué has ganado con la meditación?

Él respondió:

—¡Nada! Sin embargo, he perdido la ira, la ansiedad, la depresión, la inseguridad y el miedo.

¿Qué ocurre con el mindfulness fuera del cerebro?

Las modificaciones cerebrales se traducen en cambios fisiológicos con los que se:

- Disminuye el cortisol, el marcador biológico que más se relaciona con el estrés. Se ha comprobado que el programa de ocho semanas de Reducción de Estrés Basado en la Atención Plena mejora la respuesta endocrina al reducir los niveles de cortisol.[41]
- Disminuye la inflamación de los tejidos. A pesar de que algunos estudios no han conseguido resultados significativos al respecto, una investigación realizada en 2014 ha demostrado que el mindfulness produce efectos positivos en personas con patologías inflamatorias crónicas.[42]
- Ayuda a regular los niveles de glucosa en pacientes diabéticos porque favorece la alimentación consciente y la adherencia al tratamiento en estos pacientes.[43]
- Regula la presión arterial. La práctica regular de meditación ayuda a disminuir los valores elevados de tensión arterial.[44]
- Mejora el dolor crónico. Disminuye la percepción del dolor como algo catastrófico. Algunos estudios han demostrado que, efectivamente, mejora el dolor crónico y otros estudios no han conseguido resultados concluyentes, pero la práctica del mindfulness siempre ayuda a aceptar el dolor crónico.
- Mejora la capacidad de respuesta del sistema inmu-

ne para defendernos frente a infecciones o procesos tumorales.[45]
- Ayuda a bajar de peso en pacientes con trastornos de alimentación.[46]

¿Cuáles son las patologías que más se benefician del mindfulness?

Como hemos visto a lo largo de este capítulo, la práctica del mindfulness ha demostrado ser eficaz en enfermedades tanto físicas como psicológicas. Si prestamos atención al cuerpo, su sabiduría nos ayudará a sanar. Puesto que no tiene ningún efecto secundario adverso, yo recomiendo mindfulness muy a menudo en mi consulta, sobre todo en pacientes con enfermedades en las que hay suficientes estudios que han demostrado su beneficio. Los mayores logros se han constatado en pacientes con:

- Depresión
- Trastorno bipolar
- Ansiedad
- Estrés
- Obesidad
- Abuso de sustancias
- Insomnio
- Dolor crónico
- Fibromialgia
- Asma
- Procesos tumorales

¿Qué habilidades se consiguen con la atención plena en la población general?

1. Disfrutar de los procesos:
Uno aprende a olvidarse de alcanzar una meta. En el momento que se utiliza el mindfulness como un objetivo, deja de ser mindfulness. La mejor manera de conseguir objetivos es justamente olvidarse de los objetivos.

2. Ceder:
No dejarse atrapar por ningún pensamiento, deseo o emoción. Cada momento de experiencia vivida plenamente es una práctica liberadora de desapego. Así dejamos de ser esclavos de ciclos recurrentes e inútiles.

3. Estar en el aquí y ahora: mente en modo ser.
En lugar de estar pendiente del pasado (rumiaciones) o del futuro (expectativas, deseos y miedos) que, como hemos aprendido, aparecen en la mente en modo hacer.

4. Darse cuenta:
Con la atención plena podemos identificar el estado de la mente (agitada o en calma) y su contenido (pensamientos, emociones y sensaciones físicas). Para poder abandonar patrones mentales ineficaces, primero hay que ser conscientes.

5. Concentración:
Centrar la atención en un solo foco y mantenerla en él, en lugar de dispersarse.

6. Tomar perspectiva:
Convertirse en el observador consciente nos ayuda a tomar distancia de los pensamientos, emociones y sensaciones del momento.

7. Autocompasión:
La amabilidad con uno mismo es justo lo contrario de juzgarse a uno mismo.

¿Cómo influyen estas habilidades en la vida cotidiana?

La práctica del mindfulness ha demostrado además cambios emocionales y conductuales:

- Aumenta la concentración
- Mejora la inteligencia emocional
- Ayuda a conciliar el sueño
- Favorece la gestión del estrés
- Mejora los hábitos alimentarios
- Aumenta la atención
- Disminuye la ansiedad, la fatiga y la depresión

En definitiva, no solo mejora la salud, sino también el bienestar personal, la gestión de emociones y las relaciones personales y profesionales.

Lo interesante es integrar la atención plena en la vida cotidiana para que deje de ser una práctica y comience a ser una actitud. En definitiva, una nueva forma de vivir, prestando atención al momento presente, que es donde tienen lugar los verdaderos acontecimientos.

¿Qué esperamos para comenzar?

Si quieres profundizar sobre el mindfulness, te sugiero acercarte a las enseñanzas de Thích Nhất Hạnh, uno de sus maestros fundadores y escritor de más de setenta libros. Para quienes precisan datos contrastados por estudios clínicos, las investigaciones de la doctora Sara Lazar, de la Universidad de Harvard, y las de mi amigo, el doctor Javier García Campayo, son una estupenda opción.

> **No nos sentamos en meditación para convertirnos en buenos meditadores, sino para estar más despiertos en nuestra vida cotidiana.**
>
> Pema Chödron

Por prescripción facultativa:

Te invito a experimentar los efectos sanadores del mindfulness. ¿Cómo?

Con algunos ejercicios prácticos y sencillos para la vida diaria:

1. Escoge una rutina cotidiana y úsala para escuchar el sonido. Cualquier sonido que haya. Sin diferenciar si es agradable, desagradable o neutral. Solo presta atención al sonido. Comprobarás que esta práctica aumenta la capacidad de estar presente para ti y para los demás. Notarás que te resulta mucho más fácil escuchar lo que te dice el otro sin necesidad de interrumpirle.

2. Elige una actividad habitual como caminar, ir al supermercado, buscar aparcamiento... y presta atención a tu respiración. Nota la experiencia de inhalar y exhalar. No se te ocurra cerrar los ojos si estás

conduciendo o cruzando el paso de cebra... Solo inhala y exhala con los ojos abiertos. Yo lo hago dentro del coche cada vez que encuentro un semáforo en rojo y ha cambiado mi forma de conducir. Ya no acelero como loca al ver el color ámbar para pasar rápidamente y evitar así frenar. Ahora me encanta encontrar semáforos en rojo porque me regalan unos minutos para respirar de forma consciente y resetearme.

3. La próxima vez que notes una emoción (miedo, enfado, alegría...) presta atención a las sensaciones corporales. Comprueba si se produce algún cambio en la emoción. Si prestas atención a las sensaciones: ¿Qué sientes? ¿En qué parte de tu cuerpo lo sientes? Disminuye como por arte de magia la intensidad de emociones como el miedo o la rabia. Muchos pacientes que acudieron a la consulta en mitad de una crisis de ansiedad han aprendido a superar esas crisis sin necesidad de tratamiento farmacológico, incluso pacientes que habían llegado a necesitar ansiolíticos vía intravenosa para poder superar su florido cuadro de síntomas.

4. ¿Te animas con una meditación formal? Elige la que más te guste y adquiere el compromiso firme de practicar todos los días. Implica tomar una postura adecuada de aceptación y de presencia (puede ser sentados o tumbados), cerrar los ojos, prestar atención a la respiración y permanecer en silencio durante unos veinte minutos. ¡Sin expectativa alguna! Recuerda que uno de los pilares básicos de la práctica de la atención plena es dejar a un lado los resul-

tados. En realidad, son cuatro pasos sencillos: llevar la atención a un punto de anclaje, que suele ser la respiración; esperar a que la mente divague; darme cuenta enseguida de que la mente se ha ido, y regresar al punto de anclaje. Así las veces que haga falta hasta que la mente se disperse cada vez menos.

—¡Veinte minutos me parecen muchos!

—Comprobarás que para conseguir al menos un minuto de verdadera meditación entre pensamiento y pensamiento que va y viene, necesitas al menos veinte minutos de silencio.

—¿Con sentarme y cerrar los ojos es suficiente?

—Verás, sentarse a meditar es esencial, pero la verdadera meditación es lo que haces el resto del día. Lo importante es estar presente en la ducha, en el desayuno, en el trabajo, en la comida, en el jugar con tus hijos, en el hacer el amor... En definitiva, prestar atención a la vida.

—No acabo de entender qué hacer una vez que cierro los ojos.

—Cierra los ojos y presta atención a tu respiración, a cualquier parte de tu cuerpo que se active con la respiración. ¿Quizá tus fosas nasales? Céntrate en tus fosas nasales, nota la entrada del aire en cada inspiración. Este será tu punto de anclaje, y cada vez que un pensamiento o un ruido desvíen tu atención, vuelve a sentir la entrada del aire en tus fosas nasales. ¿Aparece un pensamiento? No luches contra él, solo vuelve de manera suave y firme a la sensación de la respiración. Siente la gratitud de tu cuerpo al notar la llegada de oxígeno en cada inspiración. Si tú quieres, siente el aire llegar hasta el último rincón de tu cuerpo. Sé consciente del ir y venir, adentro y afuera, de la respiración en el cuerpo. Es muy agradable sentir el cuerpo y la mente en perfecto equilibrio, en perfecto estado de salud y funcionando perfectamente bien. Disfruta del milagro de estar vivo. Respira la vida.

No me creas, es solo mi experiencia, ¡experimenta!

BUDA

Cuento tibetano de Buda y su discípulo Ananda

Una calurosa tarde de verano, Siddhartha Gautama estaba atravesando un bosque junto a su principal discípulo, Ananda. Sediento, el Buda se dirigió a su acompañante:

—Ananda, hace un rato cruzamos un arroyo. Por favor, toma mi cuenco y tráeme un poco de agua.

Ananda deshizo sus pasos y regresó al arroyo. Cuando llegó, acababan de cruzarlo unas carretas que habían removido el fondo y enturbiado el agua convirtiéndolo en un lodazal. Ya no se podía beber. El discípulo regresó junto a su maestro con el cuenco vacío. Pero Buda insistió:

—Regresa y tráeme el agua de ese arroyo. Recuerdo que cuando pasamos era pura y cristalina.

Ananda se quedó perplejo, no podía entender la insistencia, pero si su maestro lo solicitaba, él, como discípulo, debía obedecer. Así que volvió a tomar el cuenco en sus manos y se dispuso a iniciar el camino de regreso al arroyo.

—Y no regreses si el agua sigue estando sucia —dijo Buda—. No hagas nada, no te metas en el arroyo. Simplemente siéntate en la orilla en silencio y observa. Antes o después el agua volverá a aclararse, y entonces podrás llenar el cuenco. Ten paciencia. Espera a que el barro se asiente y el agua se aclare. Permanece quieto hasta que la acción correcta surja por sí sola.

Molesto, Ananda volvió hasta allí y descubrió que su maestro tenía razón. Aunque aún seguía algo turbia, el agua estaba visiblemente más clara. De modo que se sentó en la orilla observando pacientemente el flujo del río.

Poco a poco, el agua se tornó cristalina. Ananda tomó el cuenco y lo llenó de agua. Y mientras lo hacía, comprendió que había un mensaje en todo esto. Ahora podía entender.

Rebosante de júbilo, Ananda regresó bailando hasta donde estaba Buda, le entregó el cuenco con agua y se postró a sus pies para darle las gracias.

—Soy yo quien debería darte las gracias, me has traído el agua —dijo Buda.

—Volví enojado al río —contestó Ananda—, pero sentado en la orilla, he visto cómo mi mente se aclaraba, al igual que el agua del arroyo. Si hubiera entrado en la corriente, se habría enturbiado de nuevo. Si salto dentro de la mente, genero confusión, empiezan a aparecer problemas. He comprendido que puedo sentarme en la orilla de mi mente, observando todo lo que arrastra: sus hojas muertas, sus dolores, sus heridas, sus deseos...

Despreocupado y atento, me sentaré en la orilla y esperaré hasta que se aclare. Por eso, maestro, yo te doy las gracias.

Cántico espiritual, de san Juan de la Cruz

(Esposa)

¿Adónde te escondiste,
amado, y me dejaste con gemido?
Como el ciervo huiste,
habiéndome herido;
salí tras ti, clamando, y eras ido.

Pastores, los que fuerdes
allá, por las majadas, al otero,
si por ventura vierdes
aquél que yo más quiero,
decidle que adolezco, peno y muero.

Buscando mis amores,
iré por esos montes y riberas;
ni cogeré las flores,
ni temeré las fieras,
y pasaré los fuertes y fronteras.

(Pregunta a las criaturas)

¡Oh bosques y espesuras,
plantadas por la mano del amado!
¡Oh prado de verduras,

de flores esmaltado,
decid si por vosotros ha pasado!

(Respuesta de las criaturas)

Mil gracias derramando,
pasó por estos sotos con presura,
y yéndolos mirando,
con sola su figura
vestidos los dejó de hermosura.

(Esposa)

¡Ay, quién podrá sanarme!
Acaba de entregarte ya de vero;
no quieras enviarme
de hoy más ya mensajero,
que no saben decirme lo que quiero.

Y todos cantos vagan,
de ti me van mil gracias refiriendo.
Y todos más me llagan,
y déjame muriendo
un no sé qué que quedan balbuciendo.

Mas ¿cómo perseveras,
oh, vida, no viviendo donde vives,
y haciendo, porque mueras,
las flechas que recibes,
de lo que del amado en ti concibes?

¿Por qué, pues has llagado
aqueste corazón, no le sanaste?
Y pues me le has robado,
¿por qué así le dejaste,
y no tomas el robo que robaste?

Apaga mis enojos,
pues que ninguno basta a deshacellos,
y véante mis ojos,
pues eres lumbre dellos,
y sólo para ti quiero tenellos.

¡Oh, cristalina fuente,
si en esos tus semblantes plateados,
formases de repente
los ojos deseados,
que tengo en mis entrañas dibujados!

¡Apártalos, amado,
que voy de vuelo!

(Esposo)

Vuélvete, paloma,
que el ciervo vulnerado
por el otero asoma,
al aire de tu vuelo, y fresco toma.

(Esposa)

¡Mi amado, las montañas,
los valles solitarios nemorosos,
las ínsulas extrañas,
los ríos sonorosos,
el silbo de los aires amorosos;

la noche sosegada,
en par de los levantes de la aurora,
la música callada,
la soledad sonora,
la cena que recrea y enamora;

nuestro lecho florido,
de cuevas de leones enlazado,
en púrpura tendido,
de paz edificado,
de mil escudos de oro coronado!

A zaga de tu huella,
las jóvenes discurran al camino;
al toque de centella,
al adobado vino,
emisiones de bálsamo divino.

En la interior bodega
de mi amado bebí, y cuando salía,
por toda aquesta vega,
ya cosa no sabía
y el ganado perdí que antes seguía.

Allí me dio su pecho,
allí me enseñó ciencia muy sabrosa,
y yo le di de hecho
a mí, sin dejar cosa;
allí le prometí de ser su esposa.

Mi alma se ha empleado,
y todo mi caudal, en su servicio;
ya no guardo ganado,
ni ya tengo otro oficio,
que ya sólo en amar es mi ejercicio.

Pues ya si en el ejido
de hoy más no fuere vista ni hallada,
diréis que me he perdido;
que andando enamorada,
me hice perdidiza, y fui ganada.

De flores y esmeraldas,
en las frescas mañanas escogidas,
haremos las guirnaldas
en tu amor florecidas,
y en un cabello mío entretejidas:

en solo aquel cabello
que en mi cuello volar consideraste;
mirástele en mi cuello,
y en él preso quedaste,
y en uno de mis ojos te llagaste.

Cuando tú me mirabas,
tu gracia en mí tus ojos imprimían;
por eso me adamabas,
y en eso merecían
los míos adorar lo que en ti vían.

No quieras despreciarme,
que si color moreno en mí hallaste,
ya bien puedes mirarme,
después que me miraste,
que gracia y hermosura en mí dejaste.

Cogednos las raposas,
que está ya florecida nuestra viña,
en tanto que de rosas
hacemos una piña,
y no parezca nadie en la montiña.

Detente, cierzo muerto;
ven, austro, que recuerdas los amores,
aspira por mi huerto,
y corran sus olores,
y pacerá el amado entre las flores.

10

GRATITUD

La gratitud se da cuando la memoria se
almacena en el corazón, y no en la mente.

Lionel Hampton

En el mismo pueblecito donde vivía Paulina, la abuela que
me enseñó los beneficios de aprender a perdonar, residía
también Bautista, un campesino que se jactaba de tener las
mejores cerezas de la zona. Solo había requerido mi ayuda
una vez, dos años atrás, precisamente una tarde de junio
que, tras caer de un cerezo, se había roto la pierna. Una
mañana, justo al terminar la consulta, llamó a la puerta.
Para llegar hasta allí, había que atravesar una cancela de
hierro, algo oxidada ya, subir dos escalones, cruzar un
minúsculo patio de piedra, traspasar un dintel de madera
con otros tres escalones, recorrer un pequeño vestíbulo
con la sala de curas a la izquierda y, por fin, entrar a la
consulta.

—¿Da usted su permiso, doctora Alegría?

—¡Adelante, Bautista! Me alegro de verle. Hace mucho que no venía por aquí y tenemos que controlar su tensión arterial.

—Eso otro día, es que hoy tengo una urgencia.

—Siéntese y cuénteme.

—No, no es para que me siente, mejor si sale usted a la corraliza.

—¿Se ha caído alguien?

—No, no, pero mejor si sale usted... —me suplicaba ladeando la cabeza y apuntando con la mano al patio.

Tomé mi maletín y le seguí afuera. No había nadie en la entrada.

—¿Es algún domicilio?

—No, no... He traído aquí a Margarita, pero no ha podido subir los últimos peldaños, por eso mejor si sale afuera.

Le acompañé hasta el patio y vi a un burrillo similar a Platero. En realidad, era una burrita de tamaño menudo que esperaba con una cuerda sujeta a la reja. No me explicaba cómo aquel animalillo había podido atravesar la cancela de hierro y subir los escalones.

—Aquí no hay nadie, Bautista.

—¿Cómo que no hay nadie? Mire, Margarita —contestó acariciando el lomo de la burrilla y dejándome perpleja—. Eche un vistazo, doctora, que tiene un no sé qué en la panza que no doy curado por más hierbas y brebajes que le ponga. Que la otra vez con las hierbas le curé la pata, pero ahora está muy malita y no quiero que se me vaya.

—Pero, Bautista, yo no sé nada de animales. ¿Por qué no avisa usted al veterinario?

—Porque ya le llamé, doctora, y dice que él solo está para marcar cabras y analizar lenguas de cerdo en época de matanzas. Que si no mejora, que la sacrifique. Y yo no quiero que se me muera mi Margarita...

Bautista me miraba con ojos humedecidos, sin parar de pasar la mano suavemente por el lomo del animal. Yo miraba de reojo a un lado y al otro de la calle, cruzando los dedos para que no nos viera nadie. Margarita no miraba a ninguna parte y permanecía muy quieta.

—¿Dónde tiene la herida?

—En la panza. ¡Métase debajo, doctora! Debajo sin miedo... Y tú, Margarita, tranquila, no vayas a cocear a la doctora, que esta señora es muy buena y solo quiere ayudarnos.

Y allí estaba yo en cuclillas, girando el cuello a tope para atisbar las lesiones de Margarita, intentando mantener el equilibrio entre las patas del jumento y rezando para que nadie más contemplara la escena. Encontré una especie de abrasión que ocupaba casi todo el vientre. Me impresionó el aspecto de algunas pupas. Sentí lástima de aquella burrilla tan simpática, pero realmente, por más que repasaba posibles diagnósticos, no alcanzaba a poner nombre a la patología de Margarita. Sin saber qué recetarle, me decidí por una combinación de antibióticos y corticoides, tópicos y por vía intramuscular. Las inyecciones y las cremas las administró su dueño, yo me limité a preguntar por la evolución unas semanas después.

¡Margarita mejoró de sus lesiones! Bautista no sabía cómo darme las gracias, siempre pendiente de poder echarme una mano si pinchaba una rueda o si se fundían los plomos de la consulta. Todo le parecía poco. Nunca faltaban cerezas. Cerezas a todas horas. «Le he escogido las más grandes, las mejores». Cerezas de mayo a julio durante muchos años seguidos. Cuando me trasladé a trabajar a más de cien kilómetros de allí, se las ingeniaba para seguir enviándome las mejores cerezas de la temporada. Y más de una vez eché de menos su generosa disponibilidad cuando alguna vez saltaron los plomos de mi casa. Ya no podía avisar a Bautista para que viniera corriendo a chequear el cuadro de luces.

Mi madre siempre me repetía que la gratitud es como un bumerán: lo lanzas y, aunque no sabes cuándo vuelve, es seguro que cuanto más lo lanzas, más vuelve. Por suerte, este valor que tanto me había inculcado mi madre durante mi infancia ha sido un regalo común entre muchos de mis pacientes y siempre he correspondido con especial afecto a cada muestra de reconocimiento.

En un pueblecito cercano al de Bautista, vivía Adelio, un anciano de ochenta y nueve años que, a pesar de su edad, madrugaba todas las mañanas para llegar hasta el huerto y esperarme a la puerta de la consulta con una cesta de melocotones, lechugas, pimientos y todo tipo de frutos. Según la temporada cambiaba el contenido de la cesta, pero siempre llegaban las frutas y hortalizas con el rocío de la mañana y el aroma a tierra húmeda. No pasaba dentro de la consulta salvo que se le hubieran terminado las pastillas para controlar su presión arterial, que solía ser una vez al mes. El resto de días, aparecía sonriente con su cesta, se quitaba la boina, dejaba la fruta en una esquina de la estantería y regresaba al huerto sin apenas decir nada. Salía de la consulta en un periquete sin que me diera tiempo a réplica. Este encuentro se produjo de lunes a viernes durante casi cuatro años. Le había tomado cariño a aquel anciano, por eso me apené mucho cuando se quedó ciego y tuvo que dejar de salir al huerto. Era su hija quien una vez al mes iba a retirar las recetas de Adelio. Yo solía ir hasta su casa cada quince días, para controlar la evolución de sus achaques y conversar con él unos minutos. Me encantaba ver cómo se dibujaba una sonrisa en su rostro cuando, al escuchar mi voz, adivinaba mi presencia en el cuarto.

—No veo nada, doctora, y del oído cada vez peor. ¡Qué mala es la vejez!

Un viernes por la tarde, llegó un taxi a la puerta de urgencias. Más o menos a hora y media de distancia de la casa de Adelio. Su hija bajó del taxi y vino a hablar conmigo.

—Doctora, haga el favor de acercarse hasta el taxi, tengo a mi padre en él. Se le ha metido en la cabeza que tenía que venir a despedirse de usted. Dice que no se quiere morir sin darle las gracias. Y dígame dónde le pongo esta cesta de fruta... ¡Este hombre acaba conmigo!

—¡Ay, Señor! ¡No me diga que su padre está en el coche!

Y me aproximé corriendo hasta una de las puertas traseras del vehículo. Tuve que hablar casi a gritos para que me oyera.

—Adelio —le dije mientras sujetaba su mano—. Pero ¿cómo se le ha ocurrido venir hasta aquí?

—Doctora, porque no hay nada más bonito en la vida que ser agradecido. Y yo no quiero marcharme al otro mundo sin darle un abrazo. Y no se enfade por lo de la cesta, créame que será la última vez que voy a poder traerle una.

Han pasado más de veinticinco años desde que degusté aquellas frutas. Confieso que no recuerdo con exactitud si había melocotones, peras o mandarinas. Lo que no olvido es la sensación de gratitud y bienestar que me inundaba hasta el último rincón mientras saboreaba cada pieza.

> **Si solo pudiéramos decir una oración y esta fuese ¡gracias!, bastaría.**
>
> MAESTRO ECKHART

Neurobiología de la gratitud

Pocos conceptos presentan tantas y tan diversas posibles descripciones como la gratitud. Se puede considerar una emoción, un rasgo, una respuesta de afrontamiento, un hábito, una disposición, una actitud, una virtud e incluso una forma de vivir. Como afirma Barry Neil Kaufman, fundador y director del Centro Internacional de Aprendizaje y Capacitación The Option Institute® en Sheffield, Massachusetts: «No importa lo que esté sucediendo fuera de nosotros, siempre hay algo por lo que podríamos estar agradecidos».

La mayoría de los trabajos de investigación se refieren a la gratitud como disposición o como emoción. Para saber de qué estamos hablando, vamos a considerar la gratitud como una tendencia individual a experimentar aprecio por las cosas buenas de la vida. La persona con esta disposición tiende a sentir gratitud con mayor frecuencia e intensidad, y ante una mayor variedad de personas o estímulos que el resto de la población. Mediante estudios que han utilizado resonancias magnéticas funcionales, se ha podido realizar un mapa de las áreas cerebrales involucradas en el proceso de responder a determinados estímulos, tanto cognitivos como emocionales, ya sean internos o externos relacionados con la gratitud.[47]

El núcleo accumbens, que se relaciona con el efecto placebo, es una de las regiones cerebrales más «agradecidas». Este y la dopamina son la pareja perfecta para las sensaciones gratificantes de recompensa. Otras zonas cerebrales que se activan con la gratitud son: la corteza prefrontal dorsomedial, que está íntimamente ligada a la toma de decisiones emocionales; la corteza prefrontal ventral, cuya actividad fundamental es la coordinación de pensamientos y acciones de acuerdo a metas internas; el córtex del cíngulo anterior, que, además de controlar funciones autónomas relacionadas con la presión arterial y el ritmo cardiaco interviene en funciones cognitivas relacionadas con la empatía y la anticipación de premio. Otra región cerebral relacionada con la gratitud es el hipotálamo, parte del sistema límbico donde se sintetizan diferentes hormonas, entre ellas la oxitocina, que tiene mucho que ver con el Amor y la Gratitud.

La activación de todas estas áreas cerebrales produce cambios en los niveles de determinadas sustancias en sangre: se elevan los niveles de hormonas íntimamente relacionadas con la salud y el bienestar, como la oxitocina, la dopamina y las endorfinas. Se ha comprobado experimentalmente que la administración intranasal de oxitocina produce un aumento de la gratitud.[48] Además, disminuyen los niveles de cortisol y, por lo tanto, se consigue una mejor gestión del estrés.[49] Disminuyen los marcadores proinflamatorios relacionados con todos los procesos patológicos inflamatorios. Ya vimos que, en medicina, todo lo que termina en -itis implica inflamación: gastritis, otitis, faringitis, artritis, esofagitis, laringitis... y así podríamos ir nombrando todos los órganos desde la cabeza hasta los pies. Ser agradecido mejora la capacidad de disminuir la inflamación de todos los tejidos. También se han detectado menores niveles de HbA1c (Hemoglobina glicosilada): los niveles elevados se asocian a un alto riesgo de padecer diabetes mellitus.[50]

Con estos cambios bioquímicos que se producen ante un acto de gratitud, el cuerpo responde también de forma «agradecida» y se consigue disminuir el dolor, tanto físico como emocional,[51] se favorece la regeneración de tejidos,[52] aumenta la variabilidad de la frecuencia cardiaca en reposo y su implicación en una mejor salud cardiovascular[53] y mejora en la calidad de sueño.[54] Por eso, uno de los remedios más eficaces para conciliar un sueño reparador es repasar mentalmente antes de dormir todos los momentos del día por los que nos sentimos agradecidos. Ser agradecido ayuda también a disminuir la presión arterial[55] y a fortalecer el sistema inmune.[56]

Se puede afirmar que la gratitud disminuye los síntomas físicos de la mayoría de patologías[57] y origina una mayor sensación de bienestar mental y emocional en la población general. Además, se ha comprobado que disminuye los factores de riesgo y aumenta los recursos de mejoría en pacientes con depresión y ansiedad.[58] Aunque hay que decir que lo recomendable es aprender a ser agradecido sin esperar a sentir ansiedad o estar deprimido para notar sus efectos.

Cuando un médico percibe la gratitud de sus pacientes, mejora su bienestar, disminuyen sus niveles de frustración profesional, lo que conocemos como *burnout* o síndrome del quemado, incrementa su motivación y se promueve el desarrollo de una práctica profesional más plena y reflexiva. Cuando leí algunos estudios relacionados con el tema, entendí por qué Adelio y Bautista suscitaban en mí una grata sensación que me animaba a trabajar más motivada el resto de la jornada e incluso conseguían disminuir mi cansancio.[59]

Varios estudios realizados durante la pandemia de COVID-19 han demostrado la eficacia de la gratitud como medio de afrontar el estrés generado por la crisis del coronavirus. Uno de los más recientes ha sido un estudio experimental publicado en mayo de 2022.[60]

Como afirma Tal David Ben-Shahar, psicólogo experto en liderazgo y psicología positiva: «La gratitud es clave para la salud y la felicidad».

¿Gratitud como parte del tratamiento?

De Gloria, una paciente que sufría muy a menudo dolor intenso en su pie derecho por una fascitis plantar, aprendí a usar la gratitud como parte del tratamiento:

—Verá, doctora, el día que me levanto con dolor, me paro un momento a agradecer a mi pie que a pesar de todo siga caminando. Y le parecerá una tontería, pero le puedo asegurar que poco a poco, cuanta más gratitud envío a mi pie, más pequeña se va haciendo la zona dolorida. Incluso a veces, consigo que se quede ya solo en molestia y paso el resto del día mejor.

—Me parece una idea estupenda, Gloria. Cuénteme con más detalle cómo lo consigue.

—Como le decía, me concentro en darle las gracias a mi pobre pie, que incluso resentido me sostiene y me lleva de un lugar a otro. Recuerdo que antaño hacía justo lo contrario, no paraba de quejarme y maldecirlo. Y cada vez que pensaba: «Este jodío pie no para de darme problemas», yo creo que me dolía más. Una tarde, mi profesor de yoga terminó la sesión con una especie de relajación y nos invitó a buscar alguna parte del cuerpo donde sintiéramos dolor. Y a enviar gratitud a esa parte del cuerpo que seguía cumpliendo su función a pesar de la aflicción. Como el pie me estaba doliendo en aquella sesión, probé a cambiar la queja por la gratitud. Y ¡mano de santo!

¡Efectivamente! La gratitud puede ser sentida, expresada o reforzada de formas muy diversas: palabras verbalizadas o escritas, abrazos, regalos... y dos herramientas muy utilizadas para favorecer esta emoción:

- Carta de gratitud: escribir una carta a alguien para expresarle nuestra gratitud. Es eficaz incluso si se redacta la carta y no se entrega al destinatario.
- Diario de gratitud: escribir un listado de elementos, situaciones o condiciones, ya sean cotidianos o no, por las que uno se siente agradecido.

Por prescripción facultativa:

Te recomiendo un ejercicio sencillo pero muy eficaz para conectar con el sentimiento de gratitud: haz una pequeña lista con tres situaciones, acontecimientos o vivencias que quieras agradecer y tómate unos instantes para sentir la gratitud en tu cuerpo. Es válido si te limitas a repasar los motivos mentalmente, pero aún más eficaz si cada día los escribes y los repasas en voz alta (por eso de estimular a la vez ambos hemisferios cerebrales).

Por supuesto, si notas alguna zona con dolor, te invito a llevar gratitud a esa zona que, como diría Gloria, sigue cumpliendo su función a pesar de sentirse maltrecha.

> **La gratitud abre las puertas a la plenitud de la vida y es el poder que convierte la negación en aceptación, el caos en orden y la confusión en claridad.**
> **Puede, de hecho, convertir una comida en una fiesta, una casa en un hogar y a un extraño en un amigo.**
>
> Melody Beattie

11

MUERTE

La vida es un balance entre sostener o
dejar ir.

Rumi

La muerte siempre me asustó mucho cuando era niña. Durante los años de facultad, a base de observar músculos resecos y órganos descoloridos en frascos de formol, la muerte se percibe como algo lejano y carente de cualquier atisbo espiritual. Es como si esos restos mortales no hubieran tenido jamás vida. Parecían estatuas de cartón piedra en cuyo interior nunca había latido un corazón real. Diseccionar cuerpos oliendo a formol y remover órganos para buscar lugares anatómicos remotos distaba mucho de acercarse a la muerte y a las situaciones de dolor que tantas veces aparecen a lo largo de la vida profesional de un médico. Cuando llega el momento de informar sobre un diagnóstico poco favorable o explicar al paciente y a su familia que la muerte es el único desenlace posible, es difícil encontrar las palabras adecuadas. En nuestra cultura, la muerte es un tabú. Para los médicos, la muerte suele ser sinónimo de fracaso y muchas veces nos empeñamos en prolongar la vida con tratamientos cruentos e ineficaces.

Recuerdo nítidamente mi primera ocasión de estar cerca de un paciente en sus últimos momentos de vida. Ocurrió durante una jornada de prácticas de medicina interna. Tres alumnos revoloteábamos sobre las camas de UCI del hospital, acompañando al intensivista. Cuando coloqué el estetoscopio sobre el tórax de Petra, una paciente de mediana edad que ocupaba una de las camas de la segunda planta, no fui capaz de oír apenas nada. Con aparente seguridad, movía la campana de un punto a otro del pecho de la paciente, poniendo cara de entendida en la materia. «Como pueden comprobar, su murmullo vesicular está muy disminuido», comentó el especialista. Petra estaba confusa y comentó, con un hilo en la voz, que sentía muchas ganas de orinar. Por un momento, dejé de auscultarla y busqué una bacinilla en algún lugar de la estancia. En cuanto me crucé con la mirada del médico desaprobando mi gesto, retorné a mi exploración y seguí buscando ruidos respiratorios a través del fonendo. Miré la carita de Petra y su gesto resignado. Salimos de la habitación 217 y continuamos la visita por el resto de la planta.

Cinco minutos después, una enfermera avisó de que la paciente de la 217 acababa de morir.

Un escalofrío recorrió mi espalda. Sentí una mezcla de sorpresa, tristeza y rabia. Volqué mi rabia hacia el profesor por haber mantenido una postura que a mí se me antojó demasiado distante y fría. ¿Por qué no habíamos sido capaces de adivinar que Petra se estaba marchando? ¿Dónde se habían quedado todos los signos y síntomas que indican que un paciente se muere? ¿Por qué habíamos permitido que la paciente hubiera muerto sola? ¿Seguro que no había nada que hacer? Ya no fui capaz de prestar atención a ninguna de las explicaciones del médico. Me quedé absorta, escuchando los pitidos de alarma de una bomba de perfusión que se escuchaba de fondo. Salí del hospital con el fonendoscopio en el bolsillo. No dejaba de pensar en Petra y en su forma tan solitaria y simple de morirse. ¿Cómo puede uno dejar este mundo y que su última frase sea «me hago pis», y para colmo que nadie te ayude con la tarea de vaciar la vejiga? Y sobre todo estaba enfadada conmigo misma... ¿Por qué no tuve el valor de ayudarla en sus últimos momentos?

Años después, me enfrenté a la primera muerte de uno de mis pacientes reales. Sucedió mientras atendía las urgencias de una zona rural que abarcaba más de veinte pequeñas poblaciones. Una tarde, justo después de comer, un coche de color gris claro frenó de forma tan brusca a las puertas de urgencias que, por un instante, creímos que iba a estrellarse contra la pared de la entrada. Tres varones jóvenes y uno que podía doblarles la edad bajaron corriendo del automóvil sujetando una manta sobre la que transportaban a una mujer inconsciente. Creo que mi corazón se aceleró aún más que el coche al contemplar la escena. Enseguida me di cuenta de que la paciente que llegaba envuelta en la frazada se encontraba en parada cardiorrespiratoria. Hace treinta años no existían los servicios de emergencias ni se contaba con UCI móvil ni helicópteros que trasladen a los pacientes críticos de forma rápida. El hospital más cercano estaba a más de una hora. El caso no pintaba nada bien. Sin dudarlo, me incliné sobre el pecho de la paciente y comencé con las maniobras básicas de resucitación. En pocos minutos me encontré exhausta. Solo contaba con la ayuda de un enfermero, que era capaz de mantener la calma mucho mejor que yo y no cesaba de repetirme «No sigas, está ya muerta. En realidad, llegó muerta ya. Estás perdiendo el tiempo». Yo continuaba sin parar de presionar el tórax e insuflar oxígeno. «¡Otra adrenalina, por favor!». Y así colocamos más de quince ampollas de adrenalina sin ningún tipo de respuesta. Los expertos en maniobras de resucitación recomiendan no prolongarlas más allá de treinta minutos si no hay respuesta. Nosotros estuvimos casi una hora. Yo me negaba a dar por finalizada la intervención. Finalmente, el enfermero, con todo su buen criterio, dejó de administrar la medicación y salió de la sala. Yo continué un rato más sin prestar atención a otra cosa que no fuera presionar el pecho de Juana. No estaba preparada para aceptar lo que consideraba un fracaso terapéutico en toda regla.

Pasé llorando el resto de la tarde. Nadie me había enseñado a informar a los familiares de desenlaces trágicos ni a aceptar lo que es irreversible. Parece ser que Juana había sufrido una caída fortuita en la escalera de su casa. Su estado de salud era bueno hasta el momento en que resbaló y rodó sobre los escalones de piedra hacia la misma puerta. Minutos antes había estado charlando con su marido sobre pintar la fachada de su casa y arreglar la ventana de la cocina. Los golpes que recibió durante su caída le produjeron un traumatismo craneoencefálico. El accidente segó su vida sin que nadie lo esperara. Los hijos no acababan de asimilar que su madre no iba a regresar a casa. «¿Está segura de que no se puede hacer algo más, doctora? Mi madre no se puede ir ahora así sin más. Tiene que haber algo más que hacer». Me pareció una forma muy injusta de morirse y pasé el resto de la guardia pensando que, en realidad, todos estamos aquí de paso y desconocemos cuál será nuestra última charla. Yo estaba mentalizada para afrontar la muerte de un paciente terminal, pero este tipo de accidentes no figuraban en mi lista de posibles urgencias para las que me sentía suficientemente preparada. El cuerpo de Juana aguardaba la llegada del coche fúnebre bajo una sabanilla blanca. En su rostro se dibujaba una mueca de dolor. Habíamos limpiado la sangre de su cabeza y recogido todo el material esparcido por el suelo tras el intento de resucitación. A pesar de tener la ventana abierta, un intenso olor a metálico, fruto de la hemorragia, invadió la estancia. El silencio era cada vez más grande y el ambiente muy frío. Un frío extraño que no se colaba por la ventana, sino que parecía emanar del cadáver y, a su vez, enfriarlo todo. Era justo la sensación que yo imaginaba de niña cuando escuchaba hablar de guadañas. No era capaz de contener mis lágrimas ante la impotencia de no haber podido salvar la vida de Juana. No sentía el miedo de mi infancia, pero sí mucha frustración y mucha tristeza. Quería volver a mi casa y dedicarme a otra cosa.

Esa misma noche, recibí un aviso a domicilio para asistir a un paciente que, en realidad, estaba agonizando. Su esposa no esperaba tratamientos milagrosos ni exigía nada para prolongar la agonía, sencillamente requería la presencia de un médico para ver si su marido podía morir sin tanta sensación de ahogo. Al llegar, una señora de unos ochenta años abrió la puerta. Parecía tranquila. La seguí hasta el dormitorio. Incluso antes de entrar, se podía oír el trabajo respiratorio de su marido que, efectivamente, estaba muy enfermo y apenas podía tomar aire. «Mire, doctora, yo sé que no hay nada que hacer por mi Diego, pero me duele mucho verlo tan asfixiado. ¿Podría ponerle alguna medicina para que no le cueste tanto respirar?». Un par de horas más tarde, tuve que acercarme de nuevo a la casa para firmar el certificado de defunción. Esta vez, volví a conectar con la quietud y el silencio. No lo conocía, pero no sé por qué me pareció estar firmando la defunción de un ser cercano. Su esposa me despidió con un abrazo repleto de cariño y gratitud: «¡Cuánto bien le hizo el tratamiento que le puso hace un rato! Se ha muerto sin sufrir, como él siempre pedía. Muchas gracias, doctora. No sé qué hubiéramos hecho sin su ayuda». Nada que ver la forma de marcharse de Diego con la de Juana, unas horas antes. En el caso de Diego, la de la guadaña parecía haberse acercado sin hacer tanto ruido. Ni sangre, ni sesgos bruscos, ni silencio mortal, ni frío helador. Está claro que la muerte, como la vida, es personal e intransferible, y cada uno tiene una forma diferente de traspasar el umbral. Aquella jornada de guardia me enseñó muchas cosas.

> Solo cuando realmente entendemos que tenemos un tiempo limitado en la tierra, y que no tenemos manera de saber cuándo se acaba, entonces comenzamos a vivir cada día al máximo, como si fuera el único que tenemos.
>
> ELISABETH KÜBLER-ROSS

La muerte vivida desde el otro lado

Las redes sociales son una forma sencilla de conocer, aunque sea de forma virtual, a personas que tienen grandes enseñanzas para compartir. Comencé a seguir al doctor Juan Carlos Giménez en Twitter (@infomedicos) hace ya varios años, cuando leí una de sus frases: «Al paciente que sufre, le duele más la incomprensión del médico que la propia enfermedad». Me llamó poderosamente la atención su visión humanista de la medicina y procuraba no perderme ninguno de sus comentarios. Fue una grata sorpresa comprobar que, unos meses después, él comenzó a seguirme también. Confieso que resultó todo un honor que un eminente médico y profesor de la facultad de Medicina de la Fundación Barceló de Buenos Aires se hubiera fijado en mi perfil. Una tarde, me invitó a colaborar para la Universidad respondiendo a las preguntas que realizaban los estudiantes. Recuerdo que una de las cuestiones que me resultó más interesante fue: «¿Qué siente un médico ante la muerte?».

A raíz de mi humilde colaboración nos hicimos amigos. Siempre es enriquecedor charlar con colegas que entienden la medicina no como una mera profesión sino como un modo de vida. En una de nuestras conversaciones, me relató qué sintió él mismo como paciente que cruza el umbral de la vida. Me contó que había experimentado lo que se conoce como «muerte clínica» en el contexto de una parada cardiaca. Le pedí más detalles y no dudó en enviarme por escrito todo el relato. Le comenté que en uno de los capítulos del libro me refería a la muerte y le pedí permiso para compartir su testimonio. Como las almas grandes suelen ser generosas, no dudó en aceptar mi propuesta. Comparto su vivencia tal como él mismo la relata:

La muerte como final se presenta como una interrupción del yo, una interrupción para la que nunca estamos preparados o dispuestos. No lo estamos para la muerte del otro ni para la propia, porque en última instancia siempre hay un yo que quiere continuar con su idea e imagen de sí mismo y de la vida como si fuesen elementos fijos, o que fluctuasen solo dentro de los límites de lo que su sentido de identidad puede abarcar. Sea como fuere, sentimos que la muerte se entromete, que se presenta inoportunamente, que interrumpe la vida que estábamos viviendo.

La muerte es parte de la vida. Naturalmente todo lo que vive ha de morir o dejar de existir en algún momento. El cambio es inherente a la vida y la muerte; es parte de la existencia humana.

Es una de las escasas certezas que tenemos en nuestra vida. Casi cualquier otro elemento de nuestro existir es simplemente el resultado de innumerables posibilidades que pueden ser o no ser y que se conjugan momento a momento para formar el hilo de eso que llamamos vida. Pero la muerte es un hecho.

La muerte es un misterio. Podemos tener la certeza de que hemos de morir, pero cómo y cuándo no lo sabemos. Por ello, a mucha gente le causa miedo la muerte, pero más que miedo a la muerte, es miedo a la nada, al vacío, a lo desconocido y a perder aquello que ingenuamente consideramos eterno.

Una de las enseñanzas más fuertes que recibí es saber que no estaba preparado para morir. Que tenía muchas cosas pendientes. La sensación de que todo lo nos rodea había desaparecido, muerto. Las cosas, las personas, los afectos mueren también. Retomar la conciencia no expresa únicamente que recuperamos la vida, sino también todo ese mundo que perdimos en un instante. Por eso, una de las vivencias más importantes luego de la experiencia de una muerte súbita es la revalorización de lo cotidiano....

Retomar la conciencia es un momento inefable.

Lo inefable se caracteriza también por una sensación de identificación con la realidad, un descubrimiento de lo auténticamente real y una comunión con la totalidad del mundo inmediato que nos rodea. La inefabilidad es explicable, habida cuenta de que se trata de una experiencia con una gran carga emocional. Es similar a la inefabilidad que expresan los que han tenido una experiencia mística: tienen grandes dificultades en comunicar esas experiencias.

Precisamente por la gran carga emocional que acompaña tanto a la experiencia cercana a la muerte, la sensación de realidad es muy superior a la realidad cotidiana.

Inefable es aquello que no se puede describir ni expresar. Es algo tan fuera de lo normal que las palabras no logran explicarlo. Es un estado de felicidad que ni el presente ni el porvenir pueden traernos y que no se disfruta más que una vez en la vida...

No existe algo tan inefable como haber regresado a la vida después de haber visitado ese sitio desconocido y misterioso que es la muerte, aunque sea por unos instantes. Nunca había experimentado la dicha inefable de ese instante. Lo inefable es inexpresable por ser infinito e interminable cuanto sobre ello hay que decir. Es el insondable misterio de los milagros, el inexpugnable misterio que separa la vida de la muerte, y gracias a sus propiedades fecundadoras e inspiradoras actúa más bien como un hechizo. Ya la vida nunca será la misma. Nuestras vivencias fueron intensas, pero vividas en soledad. Son huellas que no se borrarán nunca.

Cuando asumimos conscientemente nuestra propia mortalidad es cuando realmente empezamos a vivir, a disfrutar cada instante, a atesorar los momentos valiosos que día a día nos regala la vida...

Es el momento en que uno se deja preocupar de su muerte y empieza a ocuparse de la vida. Quien sabe vivir bien, naturalmente sabrá morir bien y sabrá aceptar con gratitud el momento en que el libro de esta vida llegue a su final...

La actitud más saludable es no olvidar que somos finitos, disfrutar de cada momento de la vida. Aunque es cierto que la muerte termina con la existencia humana, su presencia nos indica lo más valioso de la vida: la capacidad de disfrute.

Dejemos de «pre-ocuparnos» de la muerte y empecemos a ocuparnos de la vida. La actitud más saludable es no olvidar que somos finitos, disfrutar de cada instante. Aunque es cierto que la muerte termina con la existencia humana, su presencia nos indica lo más valioso de la vida: la capacidad de disfrutarla.

El párrafo final es para esos héroes anónimos. Todos los que decidieron aprender cómo se asiste a una persona con muerte súbita lo hicieron con la convicción de que se debe luchar contra ella, la gran olvidada; esa que viene sigilosamente desde atrás, que sorprende arteramente y de la cual todos podemos ser víctimas. Solo los que fuimos protagonistas y nuestros familiares más cercanos conocemos la trascendencia del tema. No se debe esperar siempre todo de Dios o de las coordenadas del destino. Creo más en la acción, en la actitud, en la decisión.

A pesar de que vivimos en el peor momento, inmersos en una sociedad donde sobra individualismo y falta solidaridad, comparto con muchos seres anónimos un sentimiento común, el que todos deben tener una segunda oportunidad. Solo así siempre habrá alguien que ante una MS intentará una RCP exitosa: «Uno la hará sin recordar y otro la recibirá sin olvidar». Siento un enorme respeto por todos esos héroes sin capa.

¿Cómo despedir a un ser querido?

A veces, los médicos nos empeñamos en prolongar la vida y jugamos a engañar a la muerte con tratamientos innecesarios que solo prolongan la agonía. Siempre que visito a un enfermo que se está marchando, le explico a la familia que es el momento de la despedida. Algunos familiares me miran sin entenderlo. «Es que nosotros queremos que se atienda en el hospital, para que luego no digan que no hemos hecho todo lo que hemos podido». El hospital es justo donde yo no quiero que muera ninguno de mis seres queridos. He visto pacientes marcharse entre pitidos de máquinas y respiradores, con cables y tubos por todas partes. Algunos de mis colegas tampoco entienden eso de dejar que la familia se despida. Consideran la muerte como un fracaso de su propia praxis médica. Y se empeñan en alargar la vida, como yo me empeñé en alargar las maniobras de resucitación de Juana, con cruentos tratamientos innecesarios.

La muerte forma parte de la vida y los médicos tenemos que aceptar con humildad que no siempre es posible ganarle la batalla. Ni siquiera cuando se trata de nuestros seres queridos. Incluso aunque se tratara de nosotros mismos. El proceso mismo de nacer implica también el de morir. Es importante aceptar que todos estamos aquí de paso. Quizá de esta forma aprendamos a exprimir la vida y disfrutar cada instante compartido con nuestros seres queridos. Así, cuando la muerte nos separe de ellos, será más fácil comenzar a recordarlos desde el amor en vez del sufrimiento.

Con mi querida colega, la doctora Luján Comas, he aprendido algo que muchas veces utilizo en la consulta para consolar a las personas que acaban de perder a un ser querido: «La muerte es el momento más importante de la vida. No sabemos hacia dónde evolucionamos, pero sí sabemos que la conciencia también es fuente de evolución. Cuando el cuerpo no está, queda la conciencia».

¿Qué nos ayuda a afrontar la muerte de un ser querido?

Entender que la mejor medicina es el amor. No podemos curar, pero siempre podemos aliviar y, sobre todo, acompañar. Acompañar hasta donde quien se marcha quiera ser acompañado. Procurar que la persona no sienta dolor, que se encuentre en un ambiente confortable y tranquilo y regalarle nuestro permiso a partir con unas cuantas palabras de afecto: «Si te quedas con nosotros será estupendo, pero si ha llegado el momento de tu partida, te vas con todo nuestro amor y nuestra gratitud. Nosotros seremos capaces de cuidar de nosotros mismos».

Por suerte, esa forma de despedida la aprendí hace ya veinte años. No lo leí en ningún tratado de medicina. Lo aprendí despidiendo a mi madre. Desde entonces, no he parado de repetir a todos los familiares de pacientes moribundos que palabras como estas otorgan mucha paz a quien se va y, sobre todo, a quienes nos quedamos en esta otra orilla sin saber muy bien qué hacer con su ausencia.

También es reparador tomarnos nuestro tiempo para asimilar la pérdida esos primeros instantes. No es obligatorio llamar de forma urgente a un médico para firmar el certificado de defunción, ni a la funeraria para que comiencen los trámites del sepelio. Unos minutos de silencio son necesarios. Unos minutos de intimidad con ese dolor para evitar que se convierta en sufrimiento por esta inercia nuestra de correr hacia todas partes y hacia ninguna.

Los rituales son necesarios. Me refiero a lo que en psicología se denomina «ritos de paso» y que nos ayudan a realizar el tránsito de una etapa a otra.

Y es importante, en la medida que sea posible, cumplir con los deseos del difunto. Independientemente de nuestra creencia religiosa o de nuestra forma de interpretar la muerte. Entender ese esfuerzo como un acto amoroso también nos dará la capacidad de estar a la altura de las circunstancias.

Hay una reflexión de alguien a quien tengo especial cariño, la excelente doctora en Psicología Clínica y de la

Salud Laura Rojas Marcos, que ofrece un estupendo remedio para casos así: «Hay que tratar el dolor, el duelo y la pérdida con amor, no como si fuesen parásitos».

Para profundizar más en el tema y difuminar un poco ese tinte oscuro que otorgamos a la palabra muerte, te recomiendo tres libros:

- *La muerte: un amanecer* de Elisabeth Kübler-Ross
- *¿Existe la muerte? Ciencia, vida y transcendencia* de Angi Carmelo y Luján Comas
- *El libro tibetano de la vida y de la muerte* de Sogyal Rimpoché

Por prescripción facultativa:

Para afrontar la muerte, te recomiendo dos remedios sencillos pero muy eficaces:

Por una parte, te invito a tomar conciencia de que nuestra existencia es limitada. No permitamos que el final nos sorprenda sin haber cumplido nuestro propósito vital, sin haber arriesgado lo suficiente, sin haber amado sin condiciones y sin haber cumplido nuestros sueños.

Hay algunas preguntas que quizá te ayuden:

- ¿Qué harías si supieras que solo dispones de ocho semanas de vida?
- ¿Quién te gustaría que estuviera contigo en tu último aliento?
- ¿Cómo te gustaría ser recordado?
- ¿Te arrepientes de algo que has hecho? ¿Y de algo que no has hecho?

- ¿Qué dirían de ti tus amigos? ¿Y tus enemigos?
- ¿Qué lección dejarías a tus hijos?
- ¿Te quedaría algún sueño por cumplir?
- ¿Hay alguna persona a quien quieras pedir perdón?
- ¿Y alguien a quien darle las gracias?

Y, para superar la pérdida de un ser querido y no anclarse en la tristeza, comparto contigo un remedio que aprendí cuando falleció mi madre y que he vuelto a practicar tras la muerte de mi padre: se trata de escribir una carta de despedida. Una vez que te has dado el permiso para llorar, enfadarte, sentir tristeza, rabia, impotencia, miedo o cualquier otra emoción que surja en el momento de la pérdida, no permitas que el duelo se prolongue lo suficiente como para convertirse en crónico.

A mí me ayudó especialmente escribir una carta. En el papel reflejé todas las emociones que iban surgiendo y contaba lo que se me iba ocurriendo tal como salía directamente del corazón.

Te invito a buscar un lugar tranquilo y silencioso. Apaga el móvil, por supuesto, y procura que nadie te moleste. Busca un bolígrafo y unos folios en blanco. Se irán llenando poco a poco a medida que surjan los sentimientos. No es preciso terminar de escribirla en un periquete. Tómate el tiempo necesario. Como si estuvieras charlando con esa persona.

Nadie va a leer esa carta, sobra decir que puedes aprovechar para decirle todo lo que no fuiste capaz de decirle mientras vivía. Incluso permítete expresar el enfado o la rabia si es que surgen. Escribe sin pararte a encontrar los vocablos más adecuados, como quien abre su corazón y deja volcar las palabras sobre el papel.

Permítete llorar si fuera preciso. Incluso puedes dejarla a medias y retomarla cuando vuelvas a sentirte preparado.

¿Cómo sabrás que has llegado al final? Porque notarás que comienzas a recordar a esa persona desde el amor, y no desde el sufrimiento por su pérdida. Y, sobre todo, porque habrás aprendido a dejarla partir en paz.

Cuando comiences a recordar desde el amor, comprenderás cuánta razón tiene Rabindranath Tagore al afirmar que:

La muerte no es la extinción de la luz, es solo apagar la lámpara porque ha llegado el amanecer.

12
AMOR

A veces no necesitamos que alguien nos arregle, solo necesitamos que alguien nos quiera mientras nos arreglamos nosotros mismos.

JULIO CORTÁZAR

Cuando yo tenía veintisiete años me encontraba un café pagado cada mañana, todos los martes y viernes, en una pequeña cafetería situada justo enfrente del consultorio médico. Se trataba de una invitación de Antonia, una mujer de setenta y tres años que acudía a consulta dos veces por semana, siempre a última hora. Cuando abrí por primera vez el fichero, me llamó la atención una historia clínica que ocupaba en el archivador tres veces más espacio de lo habitual. Antes de que llegaran los ordenadores a las consultas y los documentos se digitalizaran, las historias eran carpetas amarillas que contenían todos los informes, electrocardiogramas, resultados de pruebas varias y seguimientos de cada paciente. La carpeta de Antonia rebosaba. Había acudido a casi todos los especialistas del hospital y no quedaba parte de su cuerpo que no hubiera sido estudiada a fondo. Tomaba pastillas para dormir, para los dolores, para la ansiedad, para el corazón, para la anemia, para los huesos, para la artritis, para la digestión... En ocasiones, se llevaba a casa más de siete u ocho recetas de golpe. En la primera entrevista que mantuvimos, solo quiso renovar recetas y se marchó enseguida. Se trataba de una mujer vestida de negro, con un pañuelo también negro en la cabeza. La mirada triste, como perdida, y una especie de cartel invisible pegado en la frente, con el que parecía estar pidiendo perdón de forma permanente hasta por respirar e incluso por vivir.

Un viernes llamó con timidez a la puerta. Era la segunda vez que nos veíamos.

—¿Puedo pasar, doctora?

—Buenas tardes, Antonia. ¡Adelante! Tome asiento y cuénteme.

—Si es que no sé por dónde empezar...

Esto de no saber por dónde sonó casi a amenaza. Cuando algunos pacientes encabezan la visita con no saber por dónde empezar, se animan a contar y no paran hasta mucho después.

—¿Qué le ocurre hoy? —pregunté, como marcando un guion.

—Pues que me duele el alma —contestó avergonzada, con un hilo en la voz casi imperceptible.

¡Jamás nadie había sintetizado de manera tan magistral el resultado de cargar con tanta amargura en un tiempo tan largo!

«¿Cómo palpo yo el alma?» pensé por un instante. En ninguna asignatura de la facultad me habían enseñado nada parecido. ¿En qué punto de su cuerpo se encontraba la conexión hacia el alma de Antonia? Me tranquilizó su mirada serena y la invité a seguir hablando. Más que nada, por ganar tiempo antes de comenzar a abordar el tratamiento.

—Verá, doctora, no quiero cansarle con mis cosas, pero es que no sé qué hacer ya con tanta pena. Cuando tenía trece años, me violó el señorito donde yo estaba sirviendo. Como me quedé embarazada, me echaron a la calle. Me volqué en cuidar de mi hijo. Fue muy duro, pero con mi trabajo de lavandera y planchadora no le faltó de nada. A veces me daban las dos y hasta las tres de la madrugada planchando. Cuando mi hijo era bebé, muchas noches lloraba, pero yo no podía dejar la plancha. Se me ocurrió atar una cuerda a su cuna, el otro extremo en mi pierna. Así podía mecerlo sin que se me acumularan las prendas. Mi hijo aprendió a cuidarse solito desde bien pequeño. ¡Qué hijo más guapo y bueno! Estudió mucho, sacó una carrera y se casó con una chica muy apañada. Y me dieron un nieto más que guapo también. De repente, todo el gozo en un pozo. Me avisaron de que mi hijo había muerto en un accidente de coche justo la víspera de Nochebuena. No sabría cómo describirle este dolor que me aprieta en el pecho. Fue como si me arrancaran las entrañas de golpe. Pero me sobrepuse por mi nieto y mi nuera, aunque sin muchas ganas ya de vivir. Y veinte años después, también en Nochebuena, mi nieto perdió la vida en otro accidente, igualito a su padre... ¡Qué digo Nochebuena, si para mí siempre ha sido nochemala! Nochemala, como todas las noches de mi vida... ¿Por qué Dios no me llevará también a mí?

Se hizo un silencio de esos que pesan. Antonia se secó una lágrima que resbalaba por su mejilla y suspiró. Me sentí pobre en palabras. ¿Qué hacer? ¿Aumentar la dosis de las pastillas para dormir? No parecía oportuno. ¿Qué decir? Cualquier frase de ánimo sonaría a vacío. Me quité el fonendo que llevaba colgado al cuello, lo coloqué sobre la mesa y solo se me ocurrió darle un abrazo. Ella comenzó a llorar sobre mi hombro. Esta vez lloraba en serio. Hasta ese momento, las lágrimas habían empañado sus pupilas de forma silenciosa. Yo abrazaba y callaba, como quien abraza a un niño sin consuelo. Recordé unas palabras de Leo Buscaglia que siempre me parecieron una estupenda medicina: «Con demasiada frecuencia subestimamos el poder de un toque, una sonrisa, una palabra amable, un oído atento, un cumplido honesto o el acto más pequeño de cariño. Todos tienen el potencial de cambiar una vida».

—¡Ay, doctora! —suspiró cuando empezó a calmarse—. No sabe lo bien que me ha venido este abrazo. No sé cómo agradecerle. Sí sí, ya sé. Le pido por favor que me deje pagarle un café para cuando termine la consulta. ¡No se vaya sin tomar el café!

Y cada martes y viernes, Antonia llegaba puntual a la consulta, en ocasiones renovaba recetas o comentaba que le dolían las piernas, otras veces preguntaba por los resultados de alguna prueba, pero, eso sí, siempre me daba un abrazo antes de marcharse.

Cuando me incorporé a trabajar tras unas vacaciones, Antonia no acudió. Ni el martes ni el viernes. Me extrañó mucho. Pasaron varias semanas y no daba señales de vida. Tiempo después, alguien llamó a la puerta.

—¿Se puede?

—Adelante.

Entró una mujer sonriente; el vestido estampado con flores violetas y blancas; una pamela blanca también; los zapatos y el bolso a juego; los labios pintados de un rojo intenso y unas gafas de sol que se me antojaron inmensas. La consulta se impregnó de olor a un agradable perfume.

—Buenos días, doctora.

—Buenos días. Siéntese y cuénteme.

—Veo que no me ha conocido, doctora Alegría —me dijo sin parar de sonreír.

Yo estaba segura de no haberla visto en mi vida. La miré como esperando a que por fin se sentara y me diera alguna pista más. Se quitó las gafas de sol y me regaló otro cariñoso «Buenos días». El caso es que su voz me sonaba familiar, pero no acababa de saber quién era. Por un instante me pareció la voz de Antonia.

—¿Antonia?

—¡Pues claro, doctora! Soy Antonia. No necesito recetas, ni pruebas ni nada de nada. Eso sí, vengo a darle un abrazo y, sobre todo, quiero pedirle un favor.

—Dígame, Antonia.

Lo único que reconocía en ella era la voz. Ya no caminaba encorvada, ni le temblaba el pulso. Los dedos de sus manos no mostraban artrosis y la sonrisa le iluminaba el rostro. Se habían desdibujado sus arrugas. ¡No podía ser la misma Antonia que yo había conocido meses atrás! Nada que ver con la mujer a la que pertenecía una historia clínica tan repleta de informes, análisis y pruebas que necesitaba de dos carpetas grandes para guardar todos los datos.

—Verá, en esta ocasión no voy a dejarle pagado ningún café. Vengo a preguntarle cuándo le viene bien que lo tomemos juntas. Quiero presentarle a mi Julián. Nunca sospeché que la vida pudiera ser tan generosa conmigo a estas alturas. Si me llegan a hablar de que iba a enamorarme, jamás lo hubiera creído. Yo, que he querido morirme desde que se fueron mi hijo y mi nieto, nunca había creído en el amor. Pero el amor existe, doctora. Julián es la prueba de que existe el amor. Ya no pienso en la muerte. Hasta me he quitado el luto. Con decirle que apenas tengo dolores... Pero es que Julián es mucho Julián. Tiene ochenta años y es tan bueno... ¡Ay, qué ganas tengo de que conozca usted a mi chico, verá qué guapo y qué apuesto es!

Me encantó comprobar la metamorfosis de Antonia. No era la misma persona. El amor había llegado a su vida a modo de elixir mágico. Se encontraba radiante. Sin duda, el amor de Julián había resultado ser un tratamiento muy eficiente.

Con Antonia aprendí enseguida que el amor es la mejor de las medicinas y, con el tiempo, he comprobado también que el concepto de «chico» se va adaptando a medida que uno va cumpliendo años. Cada vez que me sorprendo a mí misma hablando de algún chico apuesto, me río al comprobar que se trata de un varón ya sexagenario y no puedo evitar acordarme de Antonia, de sus cafés y de sus abrazos y, sobre todo, de su asombrosa transformación de la mano de su atento y apuesto chico.

> El amor modifica nuestro cerebro. Activa los circuitos de recompensa y desactiva aquellos responsables de las emociones negativas. Se manifiesta en el cuerpo y en la mente. En pocas palabras: nos hace sentir más felices.
>
> FACUNDO MANÉS

El poder curativo de un abrazo

A estas alturas, quiero pensar que nadie duda ya de que un abrazo cura. Cura el cuerpo, la mente, las emociones y hasta el alma. El abrazo ha sido una de mis recetas más prescritas a lo largo de estos treinta años de ejercer la medicina. He recetado abrazos y, por supuesto, he dado abrazos cada vez que he intuido que alguno de los pacientes pudiera necesitarlos. He comprobado que, después de recibir un abrazo, todos han mejorado de forma instantánea sus síntomas y, lo que es mejor, mi propio estado de ánimo se distiende cuando rodeo con mis brazos al paciente. Tanto para ellos como para mí, la respuesta es inmediata y muy positiva.

No importa la edad, el nivel cultural, el lugar de nacimiento, la profesión, las creencias o el saldo de la cuenta corriente. Un abrazo siempre predispone para sanar. Sin abrazos no se puede vivir. Dicen los expertos en el tema que se necesitan al menos tres o cuatro abrazos al día para ir tirando. Los niños necesitan por lo menos una docena al día para un desarrollo perfecto.

Hace no mucho tiempo, la madre de tres maravillosos niños pequeños me comentó muy agradecida que había comprendido el verdadero significado del verbo abrazar al recibir un abrazo mío. Me comentó que de niña había recibido besos, palmaditas en la espalda, pellizcos en el moflete e incluso tirones de oreja en señal de afecto. Sin embargo, no recordaba haber recibido abrazos. Parece que se sintió tan bien al recibir el mío que llegó a casa y cambió la forma en la que abrazaba a sus hijos. Comprobó que hasta las rabietas de los niños mejoraban con los abrazos. Ahora, sus propios hijos le piden un abrazo «pero de los de verdad», en silencio, con los ojos cerrados y de por lo menos medio minuto de achucharse. Un día que llegó a casa especialmente cansada del trabajo, su hija pequeña, de cuatro años, le dijo; «¡Mamá, ven que te abrace yo a ti, que me parece que esta noche la que necesita un abrazo eres tú!».

Efectivamente, esta mamá tiene razón. En nuestra infancia nos abrazaron poco. Bien por falta de tiempo, bien porque era costumbre dar un par de besos y una palmada en la espalda o bien porque a los mayores de antaño les habían abrazado poco a su vez. Recuerdo que, de niña, solo veía a los adultos abrazarse en momentos especiales, como la pérdida de un ser querido o tras un encuentro después de mucho tiempo. Aprendimos que los abrazos son una especie de saludo de lujo que uno no va regalando a diestro y siniestro, así, sin mediar palabra. Nadie nos contó de sus efectos sanadores, aunque estoy segura de que todos hemos comprobado alguna vez lo bien que nos sentimos cuando nos estrechan con afecto. Eso sí, una vez que experimentamos su capacidad de brindarnos bienestar, procuremos una dosis diaria que supere la media docena al menos.

Una tarde llegó a urgencias una anciana con gesto de dolor reflejado en su rostro. Iba acompañada por su hija, que comenzó a hablar sin parar, señalando a su madre con el dedo, reprochando que no quisiera tomar la medicación. Me resultó bastante antipática por su estilo tajante de hablar sin dejar intervenir a nadie. La anciana, sin abrir la boca, se encogía de hombros y miraba al suelo con resignación mientras su hija se empeñaba en que yo le explicara a su madre que comer dulces no es bueno para la salud. Lo hacía en un tono de voz que resultaba casi amenazante para la madre. La paciente no se atrevió a abrir la boca durante el relato.

—¿Puede usted hablar, Teresa? —pregunté a la anciana.

—Sí, señora, pero no sabría qué decirle. Me duele todo y no me duele nada. No estoy mal, pero no estoy bien. No recuerdo ya cuando perdí la ilusión por la vida.

—¿Y cuánto hace que no le dan un abrazo?

—¿Un abrazo? No sé. Eso tampoco lo recuerdo, doctora.

—¡Hace dos años que los abrazos están prohibidos por la pandemia! —sentenció la hija, a quien confieso que me entraron ganas de echar de la consulta. Ignoré su intervención y continué hablando con Teresa.

—¿Qué tal si le doy un abrazo?

—No sabe lo bien que me vendría. Haga lo que haga siempre me acaban regañando como si yo fuera una niña chica. Me reprochan que me quejo. Si le digo la verdad, doctora, me siento poco comprendida y muy sola. ¡Claro que quiero un abrazo!

Me levanté sin dudarlo del sillón y la rodeé con ambos brazos. Sin decir nada. Sin prisas. Acompasando el latido de mi corazón al suyo. Sintiendo sus lágrimas en la solapa de mi bata. La rigidez inicial de sus tórax se disolvió tras unos segundos. Su hija se emocionó con el gesto y quiso participar también en el intercambio de afecto.

—Yo no sabía que mi madre sintiera tanto desamparo. Como nunca dice nada... Y, además, con el miedo al virus este, yo tampoco sé cuánto hace que no me dan un abrazo. Venga, madre, que yo también quiero abrazarla. Si es que yo también me siento sola.

Me alegré de no haberla invitado a salir unos minutos antes. Al final, acabó llorando. Una mezcla de alivio y sorpresa. Me habló de miedo, de cansancio y de incertidumbre. No es que no quisiera a su madre, es que, a veces, no solo los pacientes necesitan abrazos. En ocasiones, los cuidadores se sienten sin fuerzas. ¿Qué mejor forma de cargar las pilas que un abrazo que repare fatigas?

Virginia Satir, psicoterapeuta y gran conocedora de cómo mejorar la autoestima, en su libro *Contacto íntimo. Cómo relacionarse con uno mismo y con los demás*, habla sobre la libertad de pedir lo que uno quiere, en lugar de esperar el permiso para hacerlo. Aprendamos a pedir un abrazo sin esperar un acontecimiento importante que lo justifique. Esta autora recomienda una docena de abrazos al día.

Algunos pacientes me dicen que no saben a quién pedirles un abrazo porque viven solos y no tienen relación con otras personas cercanas. Siempre les comento que pueden venir a verme con el pretexto de recibir un cariñoso achuchón. Lo bueno es que el abrazo es curativo incluso cuando lo damos a una mascota. Si has pasado un mal día, te invito a llegar a casa y abrazar a tu perro. Ese gesto es más relajante que abrir el cajón de los medicamentos y tomar un tranquilizante que ni siquiera te ha recetado el médico. En mi consulta se repiten muy a menudo conversaciones similares a la que mantuve hace pocas semanas con Guzmán, un jubilado que, tras vivir casi un año en una residencia geriátrica, decidió regresar a su casa:

—Doctora, estoy tan solo que no tengo ni perro, ni gato, ni siquiera periquito.

—No todo está perdido, Guzmán. Cierra los ojos un momento. Lleva tu mano derecha a tu hombro y tu mano izquierda a tu hombro derecho. Siente el peso de tu abrazo en tus hombros y en tus brazos. Respira profundo. Verás cómo incluso tus propios brazos pueden ayudarte a sentirte mejor.

—¡Anda! Pues es verdad. ¿Cómo es posible?

—Porque nuestra piel necesita contacto humano. Y el cerebro responde de forma positiva ante ese contacto. Lo mejor es que el efecto es inmediato. Ya sabes, si no tienes a nadie, te tienes a ti mismo.

—Usted me ha alegrado el día, doctora. Lo voy a hacer, se lo prometo. Esto parece cosa de brujas. Ja, ja, ja.

—Al menos un abrazo cada seis horas. Y recuerda que, si algún día quieres aumentar esa dosis, ven a verme. ¡Aquí va mi abrazo para empezar!

Y mientras abrazo a Guzmán, recuerdo una frase de Karl Meninger, el padre de la psiquiatría norteamericana: «El amor cura a las personas, tanto a las que lo dan como a los que lo reciben».

¿Amor?

Cuando repito una y otra vez a mis pacientes que el amor es la mejor medicina, no me refiero exclusivamente al amor como intercambio de afecto filial, fraternal o erótico, que también es curativo, sino al amor como emoción. Es una de las emociones más sublimes, quizá la más sublime y sanadora. Es el fenómeno a través del cual nos sentimos y nos volvemos parte de algo más grande que nosotros mismos. Ese sentimiento capaz de conectarnos con nuestra parte más sagrada y transformar no solo nuestra forma de entender la vida, sino nuestros patrones de comportamiento, el modo de relacionarnos con nosotros mismos y los demás y, como le ocurrió a Antonia, renovar incluso las células de su cuerpo. El amor contribuye de forma eficaz y llamativa en la salud física, mental y emocional. Yo creo que sin amor no es posible vivir.

La psicóloga Bárbara L. Fredrickson es directora del Laboratorio de Sentimientos Positivos y Psicofisiología de la Universidad de Carolina del Norte. Sus trabajos más conocidos están relacionados con su teoría de ampliación y construcción de emociones positivas. ¿Qué explica esta teoría? Mientras que las emociones como el miedo o la ira provocan conductas estrechas, repetitivas e inmediatas orientadas a la supervivencia, las emociones como la alegría o el amor amplían la conciencia y nos ayudan a conseguir recursos psicológicos, intelectuales, físicos y sociales duraderos. Estos recursos se van acumulando y aumentan el bienestar del individuo. ¿Cómo se traduce este efecto? Un mayor bienestar nos ayuda a generar más emociones agradables y se crea una espiral ascendente. ¿Recuerdas cuando vimos que la amígdala aumentaba el miedo y este a su vez activaba aún más esta zona del cerebro y entrábamos en pánico? Pues con las emociones agradables también se entra en un círculo, pero esta vez muy recomendable, porque se afronta con mayor resiliencia la vida cotidiana y, aunque parezca increíble, se consigue una vida más larga, con mayor bienestar emocional y mejor salud. Esta psicóloga identificó diez emociones positivas: alegría, gratitud, serenidad, autoestima, curiosidad, esperanza, inspiración, asombro, diversión y amor. Y considera el amor como la amalgama de todas las emociones gratificantes, la más potente y sanadora de todas.[61]

¿El poder de la oxitocina?

Es una sustancia compuesta por aminoácidos que nos permite explicar de forma objetiva todos los cambios físicos y emocionales que tienen que ver con el amor y que, además, cumple muchas otras funciones relacionadas con el equilibrio interno, la sensación de calma y la sanación.

A medida que voy estudiando a fondo los trabajos de investigación relacionados con sus efectos sanadores, puedo ir respondiendo a las muchas preguntas que me hacía una y otra vez cuando comencé a ejercer como médico. Entonces, no comprendía por qué unos pacientes pueden mejorar antes que otros, por qué se acelera la curación cuando el enfermo regresa a casa tras haber pasado un ingreso hospitalario, por qué las palabras amables tienen tan alto poder sanador, por qué el dolor disminuye cuando gozamos de la compañía de nuestros amigos, por qué las madres tienen esa capacidad tan grande de amar a sus hijos y toda una serie de interrogantes para los que desconocía la explicación bioquímica.

Se descubrió por primera vez a principios del siglo xx en su faceta de hormona que facilitaba el parto, y por eso se denominó oxitocina (que en griego significa *parto rápido*). En efecto, está estrechamente implicada en el parto, la lactancia y en el vínculo que se genera entre madre e hijo. Por este motivo, durante algún tiempo se consideró una hormona exclusivamente femenina, aunque, ¡ojo!, también modula una amplia gama de funciones fisiológicas y, además, tiene una importancia crucial en todos los mamíferos de ambos sexos. Los pájaros y los reptiles producen una sustancia similar, la mesotocina, que forma parte de otra historia.

Presenta una doble vía de actuación:

- Como hormona: se libera en la sangre y desde aquí llega a todos los tejidos.
- Como neurotransmisor: se libera en las sinapsis entre las neuronas del sistema nervioso relacionadas con funciones fisiológicas vegetativas, esas que el cuerpo mantiene sin que tenga que intervenir nuestra voluntad y nuestro control: frecuencia cardiaca, presión arterial, digestión...

Se sintetiza en dos tipos de células secretoras del hipotálamo:

- Células grandes: envían la oxitocina a la hipófisis, una glándula cerebral secretora de hormonas, y desde aquí pasa a la sangre, por donde llega a todos los órganos para ejercer su función.

- Células pequeñas: secretan la oxitocina y la envían a otras áreas del propio cerebro para ejercer como neurotransmisor. En este caso, su función es propagar la información a través del sistema nervioso.

Tanto la oxitocina que viaja a través de los vasos sanguíneos en calidad de hormona como la que ejerce de neurotransmisor actúan en todos los órganos que tienen receptores específicos para ella.

Hay receptores para esta hormona en:

- Útero
- Glándula mamaria
- Cerebro
- Riñón
- Corazón
- Hueso
- Ovario
- Células endoteliales (la capa interna de los vasos sanguíneos)

La información del mundo exterior que se recoge a través de los sentidos, y también la del mundo interior que se recoge desde todos los órganos, se transmite a través de las fibras nerviosas hasta el hipotálamo. Según el tipo de señales que van llegando, los núcleos del hipotálamo sintetizan más o menos cantidad de oxitocina en función de si la situación es amigable o amenazante. Además, esta producción se regula a través de otras muchas sustancias:

–Disminuyen la liberación de Oxitocina: GABA (ácido gama aminobutírico), encefalinas, dinorfinas y beta-endorfinas.

–Aumentan su liberación: colecistoquinina (CCK), polipéptico intestinal vasoactivo (PIV), estrógenos, serotonina, dopamina, noradrenalina e incluso la propia oxitocina.

Destaca un dato especialmente curioso con respecto al control en la síntesis de oxitocina: el resto de las hormonas controlan ellas mismas su producción a través de un sistema retroactivo. Es decir, para mantener el equilibrio, dejan de sintetizarse cuando alcanzan un determinado nivel. Es como si la propia hormona avisara a la central de producción de que ya existe mucha cantidad y así se detiene su fabricación. La oxitocina actúa justo de modo contrario, estimulando su propia producción. ¿Cómo se produce este fenómeno? Porque activa sus propios receptores y estos, una vez activados, estimulan las células para sintetizar más oxitocina. Esta hormona no avisa a la central de producción, sino que envía mensaje de que se fabrique incluso más cantidad. ¿Cómo se consigue controlar esta aparente olla sin fin? Porque la oxitocina no suele ser el último eslabón de la cadena de reacciones, sino que pone en marcha otros sistemas hormonales más complejos. Son estos sistemas los que modulan la liberación de oxitocina para que el hipotálamo frene finalmente su producción.

¿Cuáles son sus efectos?

Desde que se pone en marcha para facilitar nuestro parto, nuestra lactancia y crear un íntimo vínculo con nuestra madre, la oxitocina nos acompaña en todas las situaciones placenteras y relajantes de nuestra vida. Es la encargada de preservar la especie y, aunque sea conocida como hormona del amor y del placer, en realidad interviene en una gran cantidad de procesos. Eso sí, siempre favoreciendo efectos de equilibrio y de calma. Creo que podría considerarse el antídoto al estrés por excelencia y, además, la hormona de las relaciones afectivas.

Se han demostrado dos tipos de efectos:

- A corto plazo: aumenta temporalmente la frecuencia cardiaca, la tensión arterial y el nivel de cortisol. ¿Cómo se pueden explicar estos efectos aparentemente contrarios a lo esperado? Teniendo en cuenta que para ampliar nuestro círculo social y acercarnos a los otros se necesita al principio cierto empujoncito más allá de la comodidad de nuestro sofá. Igual que se necesita fuerza en el proceso del parto. El útero no podría favorecer la expulsión del recién nacido si se mantuviera en calma. Este efecto podría ser también el responsable de las mariposas en el estómago que sentimos en la fase de enamoramiento, que en nada se parecen a la relajación.
- A largo plazo: disminuye el cortisol, activa el sistema parasimpático y, de esta forma, favorece el estado de calma, la capacidad regenerativa de los órganos y refuerza el sistema inmune.

Su campo de acción es amplio. Sus efectos a nivel mental y emocional son:

- Disminuye el miedo: hay una hormona de estructura muy similar, la vasopresina, que también disminuye el miedo, pero a base de aumentar la agresividad. La oxitocina nos ayuda a establecer relaciones amigables. A su vez, estas relaciones aumentan nuestros niveles de oxitocina. Podríamos decir que la oxitocina y la vasopresina son dos sustancias hermanas que se sintetizan en los mismos núcleos hipotalámicos. Ambas pueden actuar como hormonas y como neurotransmisores y ambas nos ayudan a ser valientes, pero por motivos justamente opuestos: la primera aumenta nuestra curiosidad y nos ayuda a ver a los otros como iguales; la segunda aumenta nuestra agresividad y vemos a los otros como potenciales enemigos a los que podemos enfrentarnos. De esta forma, en nuestros círculos familiares y sociales podemos mantener el equilibrio entre la fuerza y la ternura para movernos con éxito por la vida.
- Interviene en la excitación para favorecer las relaciones sexuales. A su vez, el sexo aumenta los niveles de oxitocina y sus niveles se multiplican de forma llamativa durante el orgasmo.
- Favorece el reconocimiento social y, con ello, nos ayuda a crear vínculos afectivos estables. Estos vínculos son fundamentales para asegurar el éxito a la hora de mantener una relación de pareja y, sobre todo, para estrechar la relación entre la madre y el recién nacido.

- Mejora el aprendizaje.
- Aumenta las sensaciones de calma, de felicidad y plenitud.

Efectos a nivel orgánico:

- Estimula la contracción uterina en el momento del parto y favorece la lactancia.
- Disminuye la frecuencia cardiaca y la presión arterial.
- Ayuda a mantener estable la temperatura corporal.
- Regula el balance de líquidos: para mantener un equilibrio adecuado, funciona de la mano de la vasopresina. Según las necesidades del organismo, la oxitocina disminuye y la vasopresina aumenta la retención de sal y de agua.
- Estimula la producción de las hormonas gastrointestinales cuando el estómago está lleno. De esta forma se facilita la digestión y además el proceso de almacenamiento de nutrientes.
- Acelera la cicatrización de los tejidos porque ayuda en la formación de nuevas células.
- Reduce la inflamación, por lo que ayuda en los procesos de curación.
- Disminuye la sensación de dolor. La capacidad de resistir el dolor en el parto se debe en buena medida a los picos de oxitocina que se producen durante el mismo.
- Favorece la fecundación porque aumenta la liberación tanto de óvulos como de espermatozoides.
- Estimula la producción de otras hormonas:

- Prolactina, esencial en la lactancia.
- Hormona del crecimiento, esencial para el desarrollo.
- Adrenocorticotropina (ACTH), esencial en la regulación del cortisol y el control del estrés.

El déficit de oxitocina está relacionado estrechamente con el envejecimiento acelerado y con una alteración en la respuesta del sistema inmunológico. ¿Por qué? Porque sin ella todo lo que nos rodea resulta una amenaza, por lo que elevamos la síntesis de las hormonas del estrés.

¿Cuándo se produce un aumento de oxitocina?

Los niveles de oxitocina se elevan de forma llamativa, tanto en la madre como en el hijo, durante el parto y la lactancia. Es la hormona que pone en marcha las contracciones uterinas en el momento del parto, resulta imprescindible para activar la prolactina en la producción de leche y en la creación de un lazo afectivo especial entre madre e hijo. Este vínculo es tan fuerte que, si se rompe, se producen alteraciones bioquímicas en el cerebro del hijo y en su capacidad de responder al estrés. Es la responsable también de que una mamá distinga el llanto de su bebé entre cien bebés o de que el recién nacido se calme solo con el contacto piel a piel en el vientre de su mamá o succionando su pecho. Estos niveles de oxitocina en sangre son muy elevados, y se mantienen, en madre e hijo, durante los primeros años tras el nacimiento.

Aumenta también con las relaciones sexuales y de forma espectacular durante el orgasmo; por eso, tras un coito placentero nos sentimos relajados, plenos y más cercanos a nuestra pareja.

Sería estupendo poder ser bebés en el regazo de nuestra madre a todas horas, ser madres lactantes o disfrutar de varios orgasmos al día para mantener ese estado de bienestar y confianza que la oxitocina nos proporciona. La buena noticia es que fuera del parto, la lactancia o las relaciones íntimas, la oxitocina aumenta con todas las situaciones cotidianas que tienen que ver con el amor, los vínculos, la cercanía a nuestros seres queridos e incluso mirar sus fotografías, sentir el contacto de una mano amiga o practicar la bondad y la compasión. Algunos estudios han comprobado que practicar un acto de bondad eleva los niveles de oxitocina en sangre en quien realiza el gesto, en quien recibe el gesto bondadoso e incluso en cualquier persona que contempla dicho acto. Podríamos decir que sus efectos beneficiosos se contagian.

¿Qué puedo hacer para elevar mis niveles de oxitocina?

- Abrazar a mis seres queridos: el abrazo eleva la oxitocina en quien lo da y en quien lo recibe. Aunque no comprendamos cuáles son los mecanismos fisiológicos que se activan con el contacto físico, todos hemos comprobado lo bien que nos sentimos cuando un ser querido nos abraza. Los efectos beneficiosos son inmediatos y se producen tanto a nivel físico como emocional. Los abrazos mejoran la salud, pero además refuerzan los vínculos con nuestros seres queridos. No es preciso esperar un acontecimiento importante. Bastante nos obligó ya el coronavirus al aislamiento social. Saltemos de la cama con los brazos abiertos y el corazón dispuesto a regalar amor. Nuestros familiares y amigos agradecerán ese gesto de afecto, pero quienes más vamos a sentir el efecto beneficioso del abrazo somos nosotros mismos. ¿Hay alguna medicina más eficaz, sencilla, barata y disponible? ¡Ya sabemos! Al menos seis abrazos al día, en silencio, de unos veinte segundos de duración y saboreando el momento. No podemos olvidar una hermosa reflexión de Ann Hood: «Hay más poder en un abrazo que en mil palabras llenas de significado».

- Acariciar: el tacto es clave a la hora de elevar los niveles de oxitocina. Las caricias cobran vital importancia en el bebé. El cerebro de un bebé que no recibe abrazos ni caricias sufre directamente la muerte de muchas de sus neuronas y, además, en ese mismo bebé se produce un déficit de la hormona del crecimiento que provoca un retraso en el desarrollo que se conoce como enanismo psicosocial. Quizá la oxitocina sea también el sustrato bioquímico del efecto calmante que produce la mano de la mamá o del papá en la rodilla dolorida del niño. Es notar la mano sobre la rodilla sangrante y el llanto del niño se calma como por arte de magia. ¡Ojo! No todas las caricias sanadoras exigen el contacto físico. También podemos acariciar el alma con un gesto de afecto, una mirada cómplice, una sonrisa, un «Te quiero», una frase amable, un «Estoy aquí», y todo el arsenal de ternura que hemos aprendido a practicar durante las etapas de obligada distancia social por la pandemia.

- Regalarme un masaje: actúa de forma similar al abrazo. El contacto físico eleva la oxitocina tanto en quien recibe el masaje como en quien lo da.
- Realizar ejercicio físico: se libera junto a la dopamina y otros neurotransmisores relacionados con el circuito de recompensa.
- Practicar yoga, tai chi, pilates, chi kung o cualquier combinación de movimientos suaves tiene un efecto similar al ejercicio físico.
- Meditar: es tan eficaz a la hora de favorecer la salud y el bienestar que tiene un capítulo aparte.
- Jugar con nuestros hijos: resulta mucho más práctico que enfadarnos con ellos porque han desordenado el salón. Compartir juegos ayuda a relajarnos tras un día de trabajo duro y estrecha el vínculo afectivo. Les ayuda a ellos a elevar su autoestima, a ser más receptivos a la hora de recoger los juguetes y colaborar en otras tareas, a conciliar mejor el sueño, a facilitar la comunicación en la adolescencia... ¿Qué más se puede pedir? Me encanta charlar con Virginia, una trabajadora social a quien quiero y admiro mucho, tanto por su estupendo saber hacer profesional como por su papel de madre, que a menudo se repite una pregunta: «¿Cómo me gustaría que mis hijos me recordasen?». La oxitocina tiene mucho que ver en ese recuerdo.
- Disfrutar de una comida agradable, sobre todo si la comparto con amigos. En este caso, la activación de oxitocina es doble. Por una parte, se activa desde mi

estómago y por otra, desde las relaciones afectivas. Quizá por eso es más fácil negociar un acuerdo tras una buena comida que procurar el objetivo en la frialdad de un despacho o una oficina. Alrededor de una mesa es más sencillo estrechar vínculos.

- Pasear de la mano de mi pareja: el contacto físico, también fuera del lecho conyugal, es fundamental para que la relación sea estable. Si además paseamos, el ejercicio físico aumenta por sí mismo los niveles, con lo que el efecto es mayor.

- Compartir experiencias con mis amigos: no importa de qué forma ni dónde. Los amigos son curativos en sí mismos. Como diría Joan Manuel Serrat, «son lo mejor de cada casa». Si además son amigos de la infancia y me abrazan, los niveles de oxitocina y su capacidad sanadora no tienen nada que envidiar al orgasmo.

- Acariciar a una mascota: esto lo sé por experiencia. Tras una jornada de guardia en urgencias especialmente dura, además de un abrazo reparador que recibo nada más llegar a casa, me sienta especialmente bien pasar la mano suavemente por la cabeza y el lomo de mis perros. Ellos se pelean por conseguir el mejor sitio en mi regazo en tanto que yo me regalo una dosis extra de efecto calmante y reparador.

- Visitar la casa de mi infancia, volver a caminar por las calles de mi niñez, regresar a los lugares de antaño: parece ser que aumentan los niveles de oxitocina por el recuerdo del vínculo con la madre. Por supuesto, para que se produzca este efecto, mi recuerdo sobre el hogar debe estar vinculado a una sensación de calidez. No es recomendable en casos de infancia traumática.

- Oler aromas agradables: la tierra mojada tras la lluvia, el café recién hecho, un pastel al horno, hierba, chocolate, mi perfume favorito...
- Contemplar escenas bellas: la risa de un niño, un atardecer, el fuego de una hoguera, cachorros jugando. ¡Ojo! Al revés también funciona: las escenas bélicas elevan el cortisol. Por eso las películas de violencia nos elevan la adrenalina y, por el mismo motivo, aumenta la agresividad en las personas que pasan horas con videojuegos de marcado carácter bélico.
- Escuchar música o sonidos relajantes. Sirven también los mantras. De aquí deriva el dicho de «la música amansa a las fieras».
- Procurar que los otros se sientan bien: lo compruebo fácilmente en mi consulta. Cuando estrecho la mano de mi paciente, sonrío, escucho con atención, le abrazo si se siente mal, le doy una palmada afectuosa en la espalda o le muestro cualquier gesto de cariño, automáticamente se siente mejor. Su dolor disminuye incluso antes de que pueda hacer efecto el tratamiento médico. Lo mejor del caso es que yo también me siento mejor y se difumina mi cansancio.

Todas las actividades que elevan la oxitocina son sencillas, baratas, asequibles y muy eficaces. Una vez más, volvemos a tenerlo fácil.

Para seguir profundizando en el poder curativo de la

oxitocina, te invito a leer el libro de mi colega y admirada doctora Marian Rojas Estapé: *Encuentra tu persona vitamina*, donde nos explica por qué hay personas cuya sola presencia nos reconforta. Elijamos ser de ese grupo de personas.

La doctora Kerstin Uvnäs Moberg es una de las autoridades a nivel mundial sobre oxitocina. Ha publicado más de cuatrocientos artículos científicos sobre esta hormona. En todos ellos, resalta su papel en la reducción de la ansiedad y el estrés. La describe como protagonista fundamental en el mecanismo «calma y contacto» del cuerpo, igual de necesario para la supervivencia que el de «lucha y esfuerzo» que se pone en marcha cuando nos enfrentamos a una amenaza. Ella lo resume así: «El mecanismo "calma y contacto" de nuestro cuerpo es un sistema importante e ingenioso que tiene un gran impacto en el crecimiento, la curación, la recarga energética y las relaciones sociales».

Por prescripción facultativa:

La posibilidad de recetas para elevar la oxitocina es amplia. Cuando quieras mejorar tu nivel de bienestar físico, mental, emocional o espiritual, elige cualquiera de las actividades que se han ido citando. Escucha a tu corazón, él sabe cuál es la más recomendable en tu caso.

Hoy te propongo elevar el nivel de oxitocina de alguno de tus seres queridos. Ya sabes, cuando elevas la oxitocina en el otro, la tuya se duplica sin necesidad de hacer nada más.

¿Cómo elevar la oxitocina a altas dosis? Organiza un encuentro especial sin necesidad de esperar a una fecha conmemorativa. Piensa en alguien que te reporte emociones agradables en relación con los demás. ¿A quién estás visualizando? ¿Quizá a un familiar, un amigo, una pareja, un compañero? ¿Cómo imaginas la escena? Y, ¿qué tal si ahora llevas todo eso a la práctica? Con tus amigos, ¿su comida favorita, su música preferida, los abrazos de sus seres queridos y un brindis de gratitud? Generalmente se nos olvida ese tipo de homenajes y los vamos posponiendo hasta que llegamos demasiado tarde. No queda más remedio que rendir el homenaje póstumo cuando ya no es necesario. Estamos demasiado ocupados con el trabajo, las prisas, el ir y venir cotidiano, las reuniones de equipo y todas las aparentes urgencias cotidianas. Solemos olvidarnos de la vida y de las cosas verdaderamente importantes. ¿Y qué cosas son importantes? Precisamente las que elevan nuestros niveles de oxitocina y nos hacen mejores personas.

—Doctora, yo estoy pensando en un homenaje a mi padre, pero ¿cómo organizar esa fiesta familiar que dice si no me hablo con mi cuñado?

—No te preocupes por eso. Centra tu energía en preparar con mimo los pequeños detalles. Por lo general, a este tipo de encuentros voluntarios acuden las personas que realmente quieren contribuir a alegrar con su presencia al homenajeado. Es casi seguro que tu cuñado encuentre un pretexto para no estar allí.

—Ya, pero ¿y si finalmente acude?

—Habrá tanta oxitocina en el ambiente que todo lo demás quedará en un segundo plano.

No necesitamos más energía intelectual, necesitamos más poder espiritual.

No necesitamos más cosas que se ven, necesitamos más cosas que no se ven.

CALVIN COOLIDGE

EPÍLOGO

La madre Teresa de Calcuta decía que el más bello de todos los bienes es el amor. El doctor Hunter Doherty, más conocido como Patch Adams, a quien se menciona en el capítulo 3 y con quien tuve la suerte de coincidir en Santiago de Chile, en un acto sobre la felicidad, exponía con rotundidad que lo más curativo del mundo es el amor, el humor y la creatividad.

Según la psicología positiva, existe una relación muy íntima entre las cosquillas y las caricias. Las personas con las que más nos reímos son aquellas a las que más amamos, y viceversa. Y, a largo plazo, las parejas que ríen y bromean juntas son más duraderas y están más satisfechas con su relación. Amor y humor son dos polos del equilibrio mental, dos amantes que ríen, juegan y se quieren con locura.

La práctica de la psicología me demuestra cada día que el amor es la mejor medicina, para el cuerpo y para la mente; es un bálsamo para el dolor, un calmante para el sufrimiento, una luz que se abre paso en la oscuridad de nuestras emociones y una ilusión que supera cualquier desesperanza.

El amor es capaz de llenarnos de paz y tranquilidad, de animarnos en los momentos más difíciles de nuestra vida, de congratularnos con lo mejor del ser humano.

Cuando veo en consulta a alguien sin amor, sin capacidad de amar y de amarse, observo que es una persona que no tiene ilusión ni esperanza, y me preparo para un caso muy difícil de encauzar, pues le falta lo esencial: el amor.

Muchas veces, a lo largo de mi larga experiencia profesional como psicóloga, he echado en falta en algunos colegas sanitarios un enfoque global de la persona, un enfoque donde las emociones desempeñen un papel vital. En este sentido, una de las mayores satisfacciones que he sentido es comprobar que hay médicos como la doctora Carmen Sánchez Alegría que son el mejor exponente de lo que siempre he pensado que debía ser un buen profesional de la medicina: una persona con grandes conocimientos y rigor científico, llena de autenticidad, honestidad, generosidad, positividad, afectividad, sensibilidad... y ternura. Una persona que sabe que tan importante como la condición física es el estado psicológico de las personas. Una persona que a través de la enfermedad puede llegar a lo más profundo de nuestro corazón y sanar las heridas con la mejor medicina de la humanidad: el amor; el amor de verdad. Ese amor lleno de sabiduría, pero también de paciencia, sensibilidad, ternura y generosidad.

El lector habrá comprobado que este libro está lleno de enseñanzas vitales, donde los últimos avances científicos nos demuestran los efectos del amor y del desamor, de querernos y saber querer, de reírnos y gozar de las pequeñas cosas de la vida... Un libro lleno de aprendizajes, reflexiones, experiencias... y de amor.

La doctora Alegría nos regala lo que no se puede comprar: esperanza, humanidad, sensibilidad y toda la generosidad necesaria para escribir un libro tan divulgativo como este, con el que nos acerca a los principios de la auténtica medicina, de esa medicina curativa donde el amor conecta con lo más profundo de las emociones del ser humano.

Llegados a este punto, a los lectores les pediría que vuelvan a leer este libro, que lo hagan con calma, capítulo a capítulo, saboreando y extrayendo todas las enseñanzas que alberga; esas enseñanzas llenas de experiencia y amor que nos ha regalado la doctora Alegría, y que, a partir de ahí, las intenten poner en práctica en su vida cotidiana. En este sentido, desde la psicología, me gustaría hacer una pequeña aportación, un regalo que podemos practicar con nuestros seres queridos: el Día del Amor.

Con frecuencia, damos por hecho que hay conductas que no podemos modificar, que se deben a eso que popularmente llamamos la personalidad de cada uno. La realidad es que la conducta de uno influye en la del otro, de tal forma que si queremos cambiar la conducta de una persona cercana, una persona querida, deberemos introducir algunas modificaciones en nuestras conductas para favorecer ese cambio.

En concreto, el Día del Amor consiste en que la persona que lo vaya a poner en marcha aumente de forma muy significativa el número de conductas positivas que habitualmente tiene con la otra persona. Será muy importante que escriba el efecto que genera su nueva forma de comportarse.

Si cambiamos nuestras costumbres negativas y empezamos a estar atentos a todo lo positivo que hace la otra persona, y a todo lo positivo que podemos hacer nosotros, inmediatamente nos sentiremos mejor.

El Día del Amor nos hace sentir la fuerza y el poder que llevamos dentro para provocar emociones placenteras en el otro y en nosotros mismos. La comunicación de verdad, en positivo y realizada desde el cariño, nos puede mostrar muy bien cómo seguir ayudándonos mutuamente, y cómo alcanzar la complicidad que le pedimos a la persona que queremos. La vida es un continuo de días y diariamente nos deberíamos preguntar qué hemos hecho y qué podemos hacer para mimar y cuidar esas relaciones.

Proyectemos y estimulemos actividades en común, aquellas en las que ambos disfrutamos; pero no olvidemos que también tenemos el derecho y el privilegio de poder practicar esas otras actividades en que nuestros gustos no coinciden, siempre y cuando no supongan una falta de respeto a la dignidad de las otras personas.

Recordemos que lo que más une es la coincidencia en los valores fundamentales, el respeto a las ideas ajenas y el diálogo permanente como forma de superar las diferencias. El Día del Amor será nuestra gran aportación. Pregúntate cuántos días del amor regalarás este mes y cuántos abrazos te darás a ti, especialmente en los momentos difíciles.

Este libro es un tesoro, como lo es su autora. Gracias, doctora Carmen Alegría, gracias de corazón porque eres una doctora maravillosa y una persona única. El mejor homenaje que podemos dedicarle a la doctora Alegría y a nosotros mismos es llevar a la práctica sus enseñanzas. No dejemos para mañana lo que podemos regalarnos hoy: amor, amor y amor, nuestro mejor amor.

María Jesús Álava Reyes

NOTAS BIBLIOGRÁFICAS

1. Treadway M.T., «The neurobiology of motivational deficits in depression —an update on candidate pathomechanisms», Curr. Top. Behav. Neurosci. 2016, 27: pp. 337-355.

2. Treadway M.T., Zald D.H., «Reconsidering anhedonia in depression: lessons from translational neuroscience», Neurosci. Biobehav. Rev. 2011; 35: 537-555.

3. Sharot T., Korn C. & Dolan R., «How unrealistic optimism is maintained in the face of reality», *Nature Neuroscience*, 2011, pp. 1475-1479.

4. Danner D.D., Snowdon D., Friesen W.V., «Positive emotions in early life and longevity: Findings from the Nun study», *Journal of Personality and Social Psychology*, 2001, 80(5), pp. 804-813.

5. Mihaly C., «The phenomenology of body-mind: the contrasting cases of flow in the sports and contemplation», *Anthropology of consciousness*, 2000, 11: pp. 5-24.

6. Parrado E., Bonet J., Capdevila L., «Efectos agudos del ejercicio físico sobre el estado de ánimo y la HRV», *International Journal of Medicine and Science of Physical Activity and Sport*, 2017, 17(65): pp. 85-100.

7. Mucio-Ramírez J.S., «La neuroquímica del estrés y el papel de los péptidos opioides», *Revista de Educación Bioquímica*, 2007, 26(4): pp. 121-128.

8. Vickers A., Ohlsson A., Lacy J.B., Horsley A., «Massage for promoting growth and development of preterm and low birth-weight infants», The Cochrane Library, 2000; 2.

9. Spiegel D., Butler L.D., Giese-Davis J., Koopman C., Miller E., DiMiceli S., Kraemer H.C., «Effects of supportive-expressive group therapy on survival of patients with metastatic breast cancer: a randomized prospective trial», Cancer, 2007; 110(5): pp. 1130-1138.

10. Bratman, Gregory N., Daily, Gretchen C., Hamilton, Paul J., «The impacts of nature experience on human cognitive function and mental health», Annals of the New York Academy of Sciences, 2012, 1249:118-136.

11. Gregory N., Bratman G.C., Benjamin J., Levy J., «The benefits of nature experience: Improved affect and cognition», Landscape and Urban Planning, 2015, 138: pp. 41-50.

12. Arrondo J.L., «Sexuality means to enjoy, to communicate, to feel better and to be healthier», Revista Internacional de Andrología, 2008, 6: pp. 260-264.

13. Nilsson U., Unossson M., Rawal N., «Stress reduction and analgesia in patients exposed to calming music postoperatively: a randomized controlled trial», European Journal of Anesthesiology, 2005, 22: pp. 96-102.

14. Lama Toro, Alexis, «La virtud de la humildad en la práctica del médico», Revista médica de Chile, 2020, 148 (7): pp. 1044-1045. Ruberton P., Huynh H., Miller T., Kruse E., Canciller J., Lyubomirsky S., «La relación entre la humildad del médico, la comunicación médico-paciente y la salud del paciente», Pacientes Educ Couns, 2016, 99 (7): pp. 1138-1145.

15. Schlegel A., Kohler Peter J., Fogelson Sergey V., Prescott Alexander, Dedeepya Konuthula y Tse, Peter Ulric, «Estructura de red y dinámica del espacio de trabajo mental», Proc Natl Acad Sci, EE.UU., octubre de 2013, 110 (40): 16277-16282.

16. Barón J., Mulero P., Pedraza M.I., Gamazo C., de la Cruz C., Ruiz M., Ayuso M., Cebrián M.C., García-Talavera P., Marco J., Guerrero A.L., «Síndrome HaNDL: correlación entre la topografía del déficit neurológico y las alteraciones en electroencefalograma y SPECT en una serie de 5 nuevos casos», Neurología, 2016, 31(5), pp. 305-310.

17. Lutz A., Greischar L.L., Rawlings, N.B., Richard M., Davidson, R.J., «Long-term meditators self-induce high-amplitude gamma synchrony during mental practice», *Proceedings of the National Academy of Sciences*, 2004, 101(46): 16369-16373.

18. Duval, Fabrice, González, Félix y Rabia, Hassen, «Neurobiología del estrés», *Revista chilena de neuropsiquiatría*, 2010, *48* (4): pp. 307-318.

19. Sapolsky R., «Glucorticoides y atrofia del hipocampo en trastornos neuropsiquiátricos», *Arch Gen Psiquiatría*, 2000, 57: 925-935.

20. Rodas G., Pedret C., Ramos J., Capdevila L., «Variabilidad de la frecuencia cardiaca: concepto, medidas y relación con aspectos clínicos. Archivos de medicina del deporte», 2008, XXV, pp. 41-47.

21. Veloza L., Jiménez C., Quiñones D., Polanía F., Pachón-Valero L.C., Rodríguez-Triviño C.Y., «Heart rate variability as a predictive factor of cardiovascular diseases», *Revista Colombiana de Cardiología*, 2019, 26(4): pp. 205-210.

22. Migliaro Revello E.R., Vicente Senn K.E., «Heart rate variability in insulin-dependent patients», *Revista Uruguaya de Cardiología*, 1996, 120-127.

23. Bello Beltrán O.A., «Heart rate variability, salivary cortisol and pre-training and pre-competition anxiety response: CSAI-2 test correlation», Grupo de Estudios e Investigación en Ciencias de la Salud GEP-CS IF Sul De Minas, 2017.

24. Marquínez-Báscones F., «Brain and cardiac coherence», *Gaceta Médica de Bilbao*, 2006, 103(4): pp. 157-161.

25. Díaz-Sánchez E., «Cardiac coherence as a technique to reduce stress and build resilience», SANUM. 2020; 4(3): pp. 76-81.

26. Alabdulgader A.A., «Coherence: a novel nonpharmacological modality for lowering blood pressure in hypertensive patients», *Global Advances in Health and Medicine*, 2012, 1(2): pp. 54-62.

27. Leon-Lomeli R., Murguia J.S., Chouvarda I., Méndez M.O., González-Galván E., Alba A., Parrino L., «Relation between heartbeat fluctuations and cyclic alternating pattern during sleep in insomnia patients», *36th Annual International Conference of the IEEE Engineering in Medicine and Biology Society*.

28. Goessl V.C., Curtis J.E., Hofmann S.G., «The effect of heart

rate variability biofeedback training on stress and anxiety: a meta-analysis», *Psychological Medicine*, 2017, 47 (15): pp. 2578-2586.

29. Lemaire L.B., Wallace J.E., «Burnout among doctors», *BMJ*, 2017, 358: j3360.

30. Leaviss J., Uttley L., «Psychotherapetic benefits of compassion-focused therapy: an early systematic review», *Phychological Medicine*, 2015, 45: pp. 927-945.

31. Silani G., Lamm C., Ruff C., Singer T., «Right Supramarginal Gyrus Is Crucial to Overcome Emotional Egocentricity Bias in Social Judgments», *Journal of Neuroscience*, 2013, 33:15466-15476.

32. Buccino G., Vogt S., Ritzl A., Fink G.R., Zilles K., Freund H.J., *et al.*, «Neural circuits underlying imitation learning of hand actions: An event-related fMRI study», *Neuron*, 2004, 42(2): pp. 323-334.

33. Wicker B., Keysers C., Plailly J., Royet J.P., Gallese V., Rizzolatti G., «Both of us disgusted in my insula: the common neural basis of seeing and feeling disgust», *Neuron*, 2003, 40(3): pp. 655-664.

34. Zenner C., Herrnleben-Kurz S., Walach H., «Mindfulness-based interventions in schools: A systematic review and meta-analysis», *Frontiers in Psychology*, 2014, 5: 6003.

35. Barinaga M., «Buddhism and Neuroscience: Studying the well-trained mind», *Science*, 2003, 302 (5642): pp. 44-46.

36. Hölzel B.K., Ott U., Gard T., Hempel H., Weygandt M., Morgen K., Vailt D., «Investigation of mindfulness meditation practitioners with voxel-based morphometry», *Social Cognitive and Affective Neuroscience*, 2008, 3: pp. 55-61.

37. Brefezynski-Lewis *et al.*, «Neural correlates of attentional expertise in long-term meditation practitioners», *Proceedings of the National Academy of Sciences, USA*, 2007, 104: pp. 11483-11488.

38. Jang *et alt.*, «Increased default mode network connectivity associated with meditation», *Neurosciences Letter*, 2011, 487: pp. 358-362.

39. Lazar S.W., Ken C.E., Wasserman R.H., Gray J.R., Greve D.N., Treasway M.T., Fischl B., «Meditation experience is associated with increased cortical thickness», *Neuroreport*, 2005, 16: pp. 1893-1897.

40. Lutz A., Brefezynski-Lewis J., Johnstone T., Davidson R.J., «Regulation of the neural circuitry of emotion by compassion meditation; effects of meditative expertise», *PLOS ONE*, 2008, 3: e1897.

41. Nyklicek I., Mommersteeg P., Van Beugen S., Ramakers C., Van Boxtel J., «Mindfulness based stress reduction and physiological activity during acute stress: A randomized controlled trial», *Health Psychology*, 2013, 32: pp. 1110-1113.

42. Kaliman P., Álvarez-López M.J., Cosín-Tomás M., Rosenkranz M.A., Lutz A., Davidson R.J., «Rapid changes in histone deacetuylases and inflammatory gene expression in expert meditators», *Psychoneuroendocrinology*, 2014, 40: pp. 96-107.

43. Innes K.E., Vincent H.K., «The influence of yoga-based programs on risk profiles in adults with diabetes mellitus type 2: a systematic review», *Evidence-Based Complementary and Alternative Medicine*, 2007, 4: pp. 469-486.

44. Anderson J.W., Liu C., Kryscio R.J., «Blood pressure response to transcendental meditation: a meta-analysis», *American Journal of Hypertension*, 2008, 21: pp. 310-316.

45. Davidson, Richard J., Kabat-Zinn Jon, Schumacher Jessica M.S., Rosenkranz Melissa B.A., Muller Daniel M.D., Santorelli Saki F., Urbanowski Ferris M.A., Harrington Anne, Bono Katherine M.A., Sheridan John F., «Alterations in brain and inmune function produced by mindfulness meditation», *Psychosomatic medicine*, 2003, 65(4): pp. 564-570.

46. Lyzwinski L.N., Caffery L., Bambling M., Edirippulige S.A., «Systematic Review of Electyronic Mindfulness-Baes Therapeutic Interventions for Weight, Weight Related Behaviors and Phychological Stress», *Telemedicine and e-Health*, 2018, 24: pp. 173-184.

47. Fox G.R., Kaplan J., Damasio H., Damasio A., «Correlatos neurales de la gratitud», Front Psychol [Internet], 2015, 6: 1491. Kini P., Wong J., McInnis S., Gabana N., Brown J.W., «Los efectos de la expresión de gratitud en la actividad neuronal», *Neuroimagen*, 2016, 128: pp. 1-10.

48. Barraza J.A., Grewal N.S., Ropacki S., Pérez P., González A., Zak P.J., «Efectos de un ensayo de oxitocina de 10 días en adultos mayores sobre la salud y el bienestar», Exp Clin Psicofármaco, 2013, 21 (2): pp. 85-92. Humano L.J., Woolley J.D., Mendes W.B., «Efectos de la administración de oxitocina sobre la recepción de ayuda», *Emoción*, 2018, 18 (7): pp. 980-988.

49. Tala Á., «Gracias por todo: una revisión sobre la gratitud des-

de la neurobiología a la clínica», *Revista médica de Chile*, 2019, 147(6): pp. 755-761.

50. Krause N., Emmons R.A., Ironson G., Hill P.C., «General feelings of gratitude, gratitude to god, and hemoglobin A1c: Exploring variations by gender», *The Journal of Positive Psychology*, 2017, 12(6): pp. 639-650.

51. Baquero B.C., «El cuidado de lo emocional: una asignatura pendiente», *Revista Española de Enfermería de Salud Mental*, 2020, p. 11.

52. Moieni M., Irwin M.R., Haltom E.B., Jevtic I., Meyer M.L., Breen E.C., Cole S.W., Eisenberger N.I., «Exploring the role of gratitude and support-giving on inflammatory outcomes», *Emotion*, 2019, 19(6): pp. 939-949.

53. Cousin L., Redwine L., Bricker C., Kip K., Buck H., «Effect of gratitude on cardiovascular health outcomes: a state-of-the-science review», *The Journal of Positive Psychology*, 2021, 16:3, pp. 348-355.

54. Masalan M.P., Del Río M.P., Yánez A.C., Arayac A.X., Molinad Y., «Cognitive-behavioral intervention on senior adults with sleep disorders Intervenção cognitivo-comportamental», *Enfermería Universitaria*, 2018; Vol 15, N1.

55. Montalbetti Tomas, «Promoción de emociones positivas en pacientes cardíacos», Tesis Doctoral, Universidad Nacional de Educación a Distancia, 2016.

56. Salvador C. M., «Estudio de la relación entre la inteligencia emocional y la gratitud», Boletín de Psicología, 2014, 111: pp. 93-104.

57. Jans-Beken L., Jacobs N., Janssens M., Peeters S., Reijnders J., Lechner L., Lataster J., «Gratitud y salud: una revisión actualizada», *The Journal of Positive Psychology*, 2019, 15:6, pp. 743-782.

58. Heckendorf H., Lehr D., Ebert D.D., Freund H., «Efficacy of an internet and app-based gratitude intervention in reducing repetitive negative thinking and mechanisms of change in the intervention's effect on anxiety and depression: Results from a randomized controlled trial», *Behaviours Research Therapy*, 2019, 119: 103415.

59. Aparicio M., Centeno C., Robinson C., Arantzamendi M., «Gratitud entre pacientes y sus familias y profesionales de la salud: una revisión de alcance», *Gerente de enfermería*, 2018, 00: pp. 1-15. Cheng S., Tsui P.K., Lam J.H.M., «Mejora de la salud mental en pro-

fesionales de la salud: ensayo controlado aleatorio de una intervención de gratitud», *J Consult Clin Psychol*, 2015, 83 (1): pp. 177-186.

60. Datu J.A.D., Valdez J.P.M., McInerney D.M., Cayubit R.F., «The effects of gratitude and kindness on life satisfaction, positive emotions, negative emotions, and COVID-19 anxiety: An online pilot experimental study», *Applied Psychology: Health Well Being*, 2022, 14(2): pp. 347-361.

61. Fredrickson B.L., «The broaden–and–build theory of positive emotions. Philosophical transactions of the royal society of London», *Series B: Biological Sciences*, 2004, 359(1449): pp. 1367-1377.

AGRADECIMIENTOS

Este libro ha formado parte, durante mucho tiempo, de una lista de sueños. Pasó a ser una meta real cuando Oriol Masià, mi editor, se puso en contacto conmigo. Me propuso transcribir al papel algunas de mis experiencias como médico, me marcó una fecha de entrega y todo cambió en un instante. ¡Gracias por confiar en mí y apostar por mi proyecto! Tengo la impresión de que nos conocemos desde siempre. Con su saber hacer, se ha ganado mi admiración y mi cariño desde nuestra primera conversación a inicios de año.

Siempre he sido una persona muy afortunada. Todos mis deseos se han ido cumpliendo uno a uno a lo largo de mi vida. Este no podía ser menos. Confieso que desde el minuto uno ha habido personas que han creído en mí. Por eso, mi más sincera gratitud y reconocimiento:

A Marino, mi esposo, que llevaba años animándome, sin éxito, a plasmar por escrito lo aprendido en urgencias. Me ha ido regalando cuadernos en blanco que yo iba acumulando sin tomarme en serio su propuesta. Ha rebatido con amor, uno a uno, todos mis argumentos cada vez que yo le aseguraba que en casa el único escritor era él. Su comprensión, su paciencia y su apoyo son admirables.

A Mariajo —Josita—, mi hermana del alma, que se ilusionó más que yo misma desde el minuto cero. Se olvidó de que ella estaba escribiendo su tercera novela y leyó una y mil veces cada capítulo para revisar hasta la última coma. Su entusiasmo ha sido pura vitamina durante todos estos meses. Se ha volcado tanto que incluso se animó a completar el texto con dibujos. Me consta que el lápiz lo ha unido directamente al corazón.

A Julio, mi hermano también del alma, que sabe estar cerca siempre sin hacer ruido. Es una suerte compartir lazos fraternos con una persona que alberga tanta bondad y tanta entrega. Gracias por inspirarme a ser cada día mejor persona.

A Martes, Truco, Popeye y Tango, con quienes he ido comprendiendo el verdadero significado del amor incondicional y la lealtad. Truquito se marchó al cielo de los ángeles con cuatro patas justo en los primeros capítulos. Echo mucho de menos no sentirlo acurrucado en mi regazo mientras escribo estas líneas.

A Alejandra, mi abuela materna, y a su nieta Soledad Alegría, que supieron transmitirme su pasión por los libros. Con ellas aprendí a leer antes de ir al colegio, primero sílabas sueltas y después, capítulos completos de la vida de personajes ilustres, héroes y aventureros. Aquellas lecturas forman parte de los mejores recuerdos de mi infancia.

A M.ªÁngeles Sánchez Alegría, por sus abrazos siempre tan nutritivos y su confianza incondicional en cualquiera de mis planes. Es una de esas personas que ilumina la estancia dondequiera que entre porque lleva el corazón en la sonrisa. Es una suerte increíble que me regale su luz y su cariño.

A María Teresa Romero, amiga desde mi adolescencia, que siempre ha sabido sacar lo mejor de mí. Su apoyo y afecto son pura medicina para el alma. Ha compartido conmigo todos los acontecimientos cruciales de mi vida y este ha sido otro de esos momentos importantes. Sé que se alegrará tanto como yo si este libro es un éxito.

A Belinda Washington, que me honra con su amistad y ha apostado por mi proyecto con entusiasmo sin apenas tiempo para leer algún capítulo suelto. Con personas así es fácil creer en la magia.

A la doctora Rosa Galapero, que encontró tiempo entre sus guardias de emergencias para leer con interés todos los capítulos. Es de esas doctoras que te coloca una tirita en el alma si es necesario con la misma pericia con la que introduce un tubo para que el aire llegue a los pulmones.

A la doctora Socorro Gacto, que ha tenido la capacidad de adivinar un libro completo donde solo había hojas sueltas y me ha animado a seguir escribiendo un capítulo tras otro. Su apoyo y su presencia son un regalo siempre. Con personas así es una suerte tener amigos.

A Joaquim Candel Guilana, especialista en gestión de Equipos Directivos y Organización de Empresas. Es estupendo contar con su incansable capacidad de análisis para el más pequeño detalle de cualquier proyecto. En cada conversación me alentaba a escribir un libro desde hace ya mucho.

A Mónica Kleijn Evason, formadora de quienes quieren conseguir su mejor versión. Hace tiempo me pidió una pequeña colaboración para su obra, una hermosa selección de testimonios de jóvenes con lesiones cerebrales, y me animó a escribir mi propio libro.

A la doctora Luján Comas, anestesista y experta en experiencias cercanas a la muerte. Su objetivo es mejorar el mundo en que vivimos y, como no podía ser de otra manera, sus palabras son siempre sanadoras. Consiguió emocionarme con su entusiasmo cuando le propuse escribir el prólogo.

A María Jesús Álava Reyes, psicóloga, conferenciante, docente universitaria y escritora de varios libros superventas. Charlar con ella es siempre como resetear el alma. ¡Qué gran verdad eso de que las almas grandes son generosas! Aceptó con ilusión el reto de escribir el epílogo. ¿No os decía que soy una persona afortunada?

A Irene Villa González, periodista, psicóloga y conferenciante, como dice ella que suelen presentarla. Mujer Medicina, como a mí me gusta llamarla. Su vida me ha inspirado para escribir sobre el perdón y el amor. Me ha regalado una reseña repleta de afecto a pesar de tener casi a diario un sinfín de proyectos.

A Laura Rojas Marcos, doctora en Psicología Clínica y de la Salud, que me insufló una dosis extra de confianza y entusiasmo cuando a finales de enero le pregunté sobre Penguin Random House. Cuando le propuse unas frases de apoyo no lo dudó ni un instante. Contar con su amistad es otro gran regalo.

A Fernando Álvarez de Torrijos, una de las personas que ha dedicado su vida a encontrar el lugar desde donde contribuir de forma eficaz a aliviar el sufrimiento. Como maestro, me ha enseñado a ver la grandeza en todo ser humano. Me emocionaron especialmente sus palabras de afecto cuando le pedí su opinión sobre uno de los capítulos y me escribió una hermosa carta desde su casa en Massachusetts.

Al doctor Javier García Campayo, psiquiatra, investigador, docente universitario, escritor y conferenciante, que generosamente encontró tiempo para leer parte de este libro a pesar de una agenda repleta de citas importantes. «¡Cuenta conmigo para lo que necesites!», me dijo con una sonrisa de oreja a oreja.

A Ciara Molina, quien siempre tuvo claro que quería ser psicóloga y a la que ayudar a otras personas a conocerse, amarse y liberarse de aquello que les oprime le parece el mayor gesto de amor. Se ofreció con amor a leer todos los capítulos con tanto interés como lo hace cuando se trata de sus propios libros.

A la doctora Olena Romanesky, neuróloga volcada con sus pacientes y sus amigos, que se esforzó en revisar todos los apartados relacionados con el cerebro. Con ella aprendo en cada charla aspectos muy interesantes relacionados con la Neurología y, sobre todo, con la vida.

A José Ballesteros de la Puerta, escritor de estupendos libros de crecimiento personal y amigo de los que te empujan a ser mejor persona. Con él aprendí hace ya muchos años a dar cada día un paso hacia mis sueños.

Al doctor Juan Carlos Giménez, profesor de la facultad de Medicina de la Fundación Barceló en Buenos Aires, con quien nunca se para de aprender. Ha tenido la generosidad de regalarme su propia experiencia como paciente para ilustrar uno de los capítulos.

A Rosa Delgado, esteticista sevillana afincada en Málaga, apasionada por su trabajo, que se volcó con esmero en maquillarme para la fotografía de la contraportada. ¡Qué estupendo encontrar personas que disfrutan con lo que hacen!

A mis pacientes, sin duda mis mejores maestros en esto del vivir y sin cuyas lecciones no hubiera tenido apenas materia que plasmar sobre el folio en blanco.

A todos los lectores que se aventuren a navegar por las páginas de este libro. ¡Ojalá disfruten tanto como yo he disfrutado al escribirlo!

Para cualquier duda, consulta y comentario, puedes contactarme a través de Twitter, Instagram y mi página web:

www.dracarmenalegria.com

LECTURAS RECOMENDADAS

Alonso Puig, Mario, *Date un respiro*, Barcelona, Espasa, 2017.

Álava Reyes, María Jesús, *La inutilidad del sufrimiento*, Madrid, La Esfera de los Libros, 2021.

Barbery, Lia, *Abrazoterapia, el lenguaje de los abrazos*, Madrid, Mandala Ediciones, 2007.

Ballesteros de la Puerta, José, *El séptimo sobre*, Madrid, Actitud en Acción, 2020.

Comas, Luján & Carmelo, Angi, *¿Existe la muerte?*, Barcelona, Plataforma Editorial, 2020.

Cousins, Norman, *Anatomía de una enfermedad*, Barcelona, Editorial Kairós, 1982.

Chödrön, Pema, *El camino de la compasión*, Madrid, Gaia Ed., 2020.

Dalai Lama, *La sabiduría del perdón*, Barcelona, Oniro, 2006

García Campayo, Javier, *La práctica de la compasión*, Madrid, Ilus Books, 2019.

García Campayo, Javier & Demarzo, Marcelo, *¿Qué sabemos del mindfulness?*, Barcelona, Editorial Kairós, 2018.

Iglesias, Juan Ignacio, *La meditación deconstruida*, Barcelona, Editorial Kairós, 2007.

Kabat-Zinn, Jon, *Vivir con plenitud las crisis*, Barcelona, Editorial Kairós, 2016.

Kübler-Ross, Elisabet, *La muerte: un amanecer,* Barcelona, Editorial Luciérnada, 2020.

Küppers, Victor, *Vivir y trabajar con entusiasmo*, Barcelona, Plataforma Editorial, 2020.

Lee Duckworth, Angela, *Grit. El poder de la pasión y la perseverancia*, Barcelona, Ediciones Urano, 2016.

Luskin, Fred, *Perdonar es sanar*, Ed. Rayo, Barcelona, 2006.

Molina, Ciara, *Emociones expresadas, emociones superadas*, Barcelona, Editorial Planeta, 2017.

Nhat Hanh, Thich, *Silencio*, Barcelona, Urano, 2016.

Navarrete Sánchez, Juan, *Espiritual: Trae a tu vida tu cielo interior*, Almería, Editorial Círculo Rojo, 2013.

D´Ors, Pablo, *Biografía del silencio*, Barcelona, Galaxia Gutenberg, 2020.

Rinpoché, Mingyur, *La alegría de vivir*, Madrid, Editorial Rigden, 2012.

Rimpoché, Sogyal, *El libro tibetano de la vida y de la muerte*, Madrid, Urano, 2021.

Rojas, Marian, *Encuentra tu persona vitamina*, Madrid, Espasa, 2021.

Rojas Marcos, Laura, *Convivir y compartir*, Barcelona, Grijalbo, 2021.

Rojas Marcos, Luis, *Optimismo y salud,* Barcelona, Debolsillo, 2022.

Satin, Virginia, *El contacto íntimo. Cómo relacionarse con uno mismo y con los demás*, Madrid, Editorial Neo-Person, 2008.

Sonnenfeld, Alfred, *Educar para madurar*, Madrid, Ediciones Rialp, 2019.

Tutu, Desmond & Tutu, Mpho, *El libro del perdón*, México, Editorial Océano, 2018.

Villa, Irene, *Los ochomiles de la vida*, Madrid, Espasa, 2020.